関西学院大学研究叢書 第188編

A Social Psychological View for Analyzing Legitimacy: Rights of Public Decisions around Sea, Grasslands and Military Bases

正当性の社会心理学
（レジティマシー）

海と草原と基地が問う
「社会的決定の権利」

野波 寛 Hiroshi Nonami

ナカニシヤ出版

まえがき

　本書の内容は,「誰が正当な権利を持つべきか？　その権利の根拠は何か？」という問いかけ——つまり「権利の正当性」に関する分析である。

　筆者は社会心理学を専攻している。あまりできのよくない未熟な徒であるが,「権利」だの「正当性」だのが,どちらかといえば法学や政治学の研究対象で,心理学の網にかかる獲物ではないだろう,ぐらいのことは予想できる。実際,筆者が調べた限りでも,正当性という概念はやはり政治学や社会学の分野で研究が進められ,社会心理学の中では細々と散発的な報告が見られるくらいだった。

　権利とか正当性とか言われると,私たちはつい,そんなものは法律や規則で定められたカタ苦しいシロモノで,日常生活では縁のないもの,考えても仕方のないもの,と思ってしまいがちである。しかし本書では,そもそも権利の正当性とは法律や制度のみによって成立するものではなく,信頼や価値観といった人々の主観的な評価も正当性を左右すること,そのような主観的な評価が影響を及ぼすために,「誰が権利を持つべきか？　その権利の根拠は何か？」に対する答えは意外にも人それぞれ異なること,そして——人それぞれ異なるというまさにそのゆえに,「誰が権利を持つべきか？」に関する合意形成が難しいことを述べていく。

　筆者はこんなことを調べるために,モンゴルの草原や沖縄の海,あるいは軍事基地などの界隈を10年近く歩き回り,調査を続けてきた。しかし私たちのまわりを見渡せば,制度や規則だけではわりきれない「誰が権利を持つべきか？　その権利の根拠は何か？」という問いかけは,職場や学校などの身近な人間関係の中にもきっと見つかるだろう（筆者は,妻・息子との家庭内権力構造の中で,常にこの自問自答にさいなまれる身の上である）。つまり,このような正当性の問いかけは,あなたの身近な人間関係から,現在のわが国における原発や軍事基地,さらには資源保護や環境保全をめぐる内外の問題における合意形

成の問題まで，一貫して変わらない——これが，本書の視点である。

　先にも述べたように，正当性に関する研究は筆者の専攻分野にあまり見当たらず，専門外の分野や社会記事からも，先行研究や事例の多くを発掘しなければならなかった。間違いや見当ちがいがあれば，なにとぞご容赦，ご指摘を願いたい。本書の完成に至るまで，調査対象地になった沖縄県の方々，内モンゴル自治区の牧民の方々，実験やゲーミングの参加者となってくれた多くの学生諸君，そして共同研究者の皆さんには，ひとかたならぬお世話になった。ここに伏してお礼を申し上げる次第である。

　上記のような本書の視点で現在のわが国内外の問題を見つめ，その問題にかかわる自分自身の正当性を考える一助としてくれる方があれば，筆者にとって望外の幸せである。

2017年1月4日
塾に向かう9歳の息子を見送って

目　次

まえがき　i

第1章　社会的決定を行う権利とその根拠：正当性について考える
　　　　　　　　　　　　　　　　　　　　　　　　　　　　　　1
　　1-1　決定権は誰が持つべきか？：ギリシャ発，世界が震えた3日間　1
　　1-2　正当性とは：誰にどんな根拠から権利を承認すべきか　7
　　1-3　アクター間で正当性の相互評価の不一致が焦点化するとき
　　　　　　　　　　　　　　　　　　　　　　　　　　　　　　14

第2章　海を守る権利：沖縄県の赤土流出をめぐる正当性　19
　　2-1　海を守るのは誰か：沖縄県における赤土流出問題の構造　19
　　2-2　正当性を規定する認知的基盤の曖昧さ：宜野座村の事例　24
　　2-3　海の守り人と承認された人々の2つの柱：恩納村の事例　30
　　2-4　規則で権利を定める，その当たり前に潜む落とし穴　41

第3章　草原は誰のものか：内モンゴル自治区における牧草地の管理をめぐる正当性　49
　　3-1　草原の果てなき頃から生態移民政策まで　49
　　3-2　草原の守り人は誰であるべきか　55
　　3-3　草原の価値評価が正当性の判断を左右する　69
　　3-4　消極的当事者主義を防ぐ重要性　73

第4章　軍事基地と廃棄物処理場：迷惑施設をめぐる正当性　79
　　4-1　みんなに笑顔，誰かに涙，NIMBY問題の難しさ　79

　　　　4-2　米軍基地の政策は誰が決定すべきか　84
　　　　4-3　とりあえず「地元が決めればいい」，消極的当事者主義を変える情報とは　95

第5章　自他の正当性を判断する模擬体験：トレーニング・ツールとしての"誰がなぜゲーム"　105
　　　　5-1　"誰がなぜゲーム"で正当性の相互評価構造を実験室に再現する　105
　　　　5-2　操作性を高めた改訂版"誰がなぜゲーム Ver.2（WWGⅡ）"　115
　　　　5-3　地層処分場を焦点とした"WWGⅡ／NIMBY版"　121
　　　　5-4　WWGおよびWWGⅡの有用性　129

第6章　正当性の枠組みを通して見えるもの：多数者が参加することの意義　133
　　　　6-1　多数者の参加機会を作る重要性：関心は敬意の手がかり　133
　　　　6-2　正当性の抑制がコミュニティを破壊する　144
　　　　6-3　正当性理論の限界性と有効性　156

引用文献　159
索　引　167

A Social Psychological View for Analyzing Legitimacy : Rights of Public Decisions around Sea, Grasslands, and Military Bases

Hiroshi Nonami
Kwansei Gakuin University

Nakanishiya Publishing

第1章
社会的決定を行う権利とその根拠：
正当性について考える

　この章では，利害や価値観の異なる多様な人々に影響が及ぶ社会的決定をめぐり，その決定を行う権利が誰にあるべきか，その権利の根拠は何かといった問いかけが焦点となった事例をいくつか紹介し，それらの事例から浮かび上がる正当性という概念について説明する。

1-1　決定権は誰が持つべきか？：ギリシャ発，世界が震えた3日間

　2011年3月11日の東日本大震災。私事で恐縮だが筆者はまったく偶然に，その前日の3月10日，留学のため家族とともに日本を出国していた。震災の第一報に接したのは，滞在先であるスペインのグラナダ市だった。日本から抱えてきた大荷物をアパート（ひどいオンボロだった）におろし，ひとまず長旅の疲れをいやそうと立ち寄ったバールのテレビに映し出された惨状。つい昨日に発ったばかりの母国の様子とは信じられず，コーヒーを持つ手が震え，涙が頬を伝った。外国に来てしまった自分には何もできない，せめてこの留学先で自分がこなす研究が，被災者の方々の生活に役立つことはないものか。画面の惨状におののきながら瞬間的にそう考えたことを，覚えている。
　東日本大震災の翌年，2012年。日本政府は，東京電力福島第一原発事故をきっかけに，国民に向けて今後の原子力発電への依存度を問う「エネルギー・環境の選択肢に関する国民的議論」を実施した（2012年8月4日付産経新聞）。この調査では，Fishkin (2009) の提唱による討論型世論調査 (deliberative poll: DP) という方法が採用された。つまり，原子力のほかに火力と水力，太陽光や風力発電なども含めた多様な選択肢の中で，それぞれによる電力エネルギー

供給率を日本全体でどれくらいに設定すべきか，まず政府が案を呈示する。次に，全国から電話調査を経て無作為に抽出された国民およそ300名が，15人20組のグループに分かれて2日間にわたり政府の呈示案に関する討論を行い，最終的には専門家も交えて全員で全体会議を行うという手続きをとった。

　ずいぶん煩雑とも思えるやり方だが，これは要するにこの調査そのものが，日本全体の今後にかかわるエネルギー政策について，政府が国民に直接，意見を求める試みだったからであろう。エネルギー政策というのはもともと，国家の根幹にかかわる重要事項のひとつである（第4章で詳述する安全保障政策も同様）。たとえば原子力の場合，わが国の政策として原子力の研究・利用を促進することが「原子力基本法」（1956年施行）によって明確に定められ，現在までに全国で17か所の原発（原子炉の数は54基）が設置されるに至った。その設置経緯は多くの場合，まず自治体が誘致，政府や電力企業とのやり取り，地元住民の同意，建設決定といったもので，コトを進める中心は政府・電力企業と立地地域の自治体・住民との交渉であった。むろん，途中で立地計画が撤回される例も多々あったが，これも多くは「地元住民の反対」によるケースで，つまり原発設置の是非とは，政府・電力企業・立地地域の自治体・住民のみで決定されてきたわけである。エネルギー政策が国策であり，国策とは国民多数者への公益供給を大前提とするのだから，国民多数者も原発の是非にかかわる関係者のひとつであったはずなのだが，原子力政策の推進云々に際して国民多数者の意見が大々的に聴取されることは，これまでついぞなかった。国民の意見を直接確認するためにわざわざ煩瑣な手続きをかけてまで全国的な調査を行うというのは，エネルギー政策の歴史上，画期的な出来事だったのである。なお政府はこのとき同時に，原発の稼働率に関する国民からの意見を聴取する意見聴取会も，全国11か所で実施している（2012年8月4日付朝日新聞デジタル版）。

　原発に関する議論を国民全体で高めていこうとの動きに見られるように，政府や自治体といった行政に加え，利害や価値観の異なる広範な人々も交えて公共政策の是非を決定しようという機運は，わが国で着実に高まっていると思える。原発の問題が取りざたされる以前にも，たとえば1990年代には長良川河口堰の是非が焦点となって，「川は誰のものか」という議論が全国的に沸騰し

た（小野，1997；長崎，1998；長良川河口ぜきに反対する市民の会，1991）。こうした世論を背景に1997年に改正された河川法では，第1条で河川管理の目的として従来の治水・利水に加え「河川環境の整備・保全」が挙げられ，さらに第16条の別項で河川整備の計画策定に際して「住民」や「学識経験者」の意見を聞くことが規定された。河川整備という公共事業を進める際に，治水・利水のほかに環境保全という価値に配慮すること，また行政に加えて多様な人々からの意見聴取を手続きに盛りこむことが定められたのである。利害や価値観の異なる人々による意見交換を通して社会的決定を進めることが，法的にも明記された例と言える。

多様で広範囲の人々に影響を及ぼす社会的決定を行政が単独で行う過程を，一元的統治（ガバメント）と呼ぶ。これに対して，利害や価値観，意見や立場の異なる人々が共同的な合議にもとづいて社会的決定を行う過程は，共同的統治（ガバナンス）と呼ばれる。

Ostrom（1990）は，水資源や森林資源といったさまざまな共有資源（common pool resources：CPRs）を適正管理するうえで，行政による管理とコミュニティによる管理が補完的に機能することの重要性を主張した。この論によれば，共有資源を長期的に維持する最も効率的なやり方は，政府や市場のみが一元的にこれを管理するのではなく，その資源に利害関係を持つ当事者が自発的にルールを定める自主的統治（self-governance）によって補完する方法であるという。そして，共有資源の自主的統治が成功するためには，長期にわたってコミュニティの人々の行動を統制する制度の確立が重要とされる。Ostromは世界各地における膨大な共有資源管理の事例を整理し，自主的統治を成功に導く長期的な制度の設計原理として，よく知られた8つの条件を示した。その中でも，7番目の「組織を作る権利の承認（minimal recognition of rights to organize）：メンバーが自発的に組織や制度を作る権利が，外部の政府から侵害されないこと」，8番目の「入れ子になった管理組織（Nested enterprises）：資源管理組織がより大きなシステムの一部であった場合，資源の管理（供給，監視，調整など）は他の組織との多層的な入れ子の体制下で行われること」などは，相互に独立した多様な組織とそれぞれに属する人々が協同しつつ資源管理を行うガバナンスの指針として，特に重要なものであろう。

Ostromが分析を加えた共有資源管理の事例は，いずれも比較的小規模で，関与する人々の範囲も限定された，いわばコミュニティレベルの地域資源であったが，松下・大野（2007）はこれをさらに都市レベル，地球レベルでの資源管理に結びつけ，環境ガバナンスという概念を提起した。環境ガバナンスとは「上（政府）からの統治と下（市民社会）からの自治を統合し，持続可能な社会の構築に向け，関係する主体がその多様性と多元性を生かしながら積極的に関与し，問題解決を図るプロセス」と定義され，政府や市民をはじめとする多様な主体がそれぞれの機能を生かしながら相互補完的に資源管理を進めることが，グローバルな場面でも有効であるとされる。松下らは，ガバナンスの名の下で現実には当事者に対して政府など外部の権力が影響を及ぼす構造のなか，民主的な決定過程を確立させる制度の指針も示している。

　共有資源の管理方法は，その方法を定めるための制度の決定まで含めて，資源にかかわる多様な人々の利害や価値観に影響を及ぼす社会的決定のひとつである。この場面にガバナンスが重要かつ有効であるというOstromや松下らの主張は，原発の是非など公共政策の決定に政府や当事者に加え国民多数者の動向も重視されつつある現在のわが国にも適用できる。そもそも「ガバナンス」という言葉そのものが，複数の個人や組織による企業管理を意味する「コーポレート・ガバナンス」，NPOなどの市民組織と行政が協同で政策を決定する「ソーシャル・ガバナンス」（神野，2004；佐々木，2004）など，いろいろな場面で広く使用されているのがわが国の現状である。「みんなで話し合って決める民主主義的な決定システム」に立脚するガバナンスは，ものごとの決定方法としては望ましいやり方だ，というのが多くの人々の意見かもしれない。

　しかし，多様な人々の参加を前提とするガバナンスは，その前提ゆえに，実際には係争や混乱が生じるリスクも高いのである。以下，重要な社会的決定の是非をめぐって利害や立場の異なる人々の間に混乱が生じた事例を，国際関係レベルで見てみよう。

　2011年，長年にわたる政府の放漫経営と粉飾決算がたたったギリシャが財政破たんの危機に陥り，いわゆる債務不履行（デフォルト）が迫る事態となった。ギリシャの経済規模は，当時27か国あったEU加盟国を合わせた全体のGDPでわずか2％を占める程度だったが，加盟国であるギリシャがデフォル

トになればEU全体に通貨不安が波及し，共通通貨ユーロの暴落，世界的な経済恐慌という最悪のシナリオまで現実になりかねない。これを回避するためにEU圏首脳会議はギリシャの包括的支援を決定する。崖っぷちのギリシャには干天の慈雨だったはずだが，ところがこの支援は要するに借款であって（EU各国も莫大な資金をタダでわたすわけにはいかないのだから当然だろう），受け入れにあたってはその後の返済のために国内で公務員の給与削減，健康保険や失業保険といった公共サービスの大幅縮小，さらに増税および徴税の徹底（ギリシャでは庶民から富裕層まで税金の不払いがひどかった）などの厳しい緊縮財政をとることが条件とされていた。こんなことをされたら庶民の生活に大打撃となるのは必至。はたして，ギリシャ国民の6割が支援受け入れに反対の声をあげた。ここで10月31日，ギリシャのパパドレウ首相（当時）が突然，EUの支援を受け入れるか否か，国民投票を実施する考えを表明した。泡を食ったのはEU各国首脳である。この時点で国民投票など実施されれば支援拒絶が大勢となることは明白で，そうなればギリシャは日を経ずしてデフォルトに陥り，EUを巻きぞえに悪夢のシナリオがスタートしてしまう。EU委員長はギリシャが支援を受け入れるべきだと即座に声明を発表，フランスとドイツの首脳も支援の受け入れをギリシャに求めた。世界銀行も国際通貨基金（IMF）もギリシャの説得に動く（2011年11月1日付時事通信，同年11月3日付産経新聞）。結局，11月3日にパパドレウ首相は国民投票を撤回，支援を受諾する意向を表明し，かくて当面のギリシャ危機は回避され，とりあえず決着がつくのである。

　世界中が固唾を飲んで見つめていたこの3日間の顛末は，支援の条件を有利に運ぼうと企図したパパドレウ首相の捨身の瀬戸際外交という面もあっただろう。しかしこの事例で考えてみたいのは，ギリシャが支援を受け入れるか否か，最終的にその決定を行う権利を持つべきは誰であったか，という点である。ここに登場する主な関係者は，ギリシャの首相と国民，フランスやドイツなどEU各国の首脳，そして世界銀行やIMFである。支援を受け入れるかどうかはギリシャの問題であり，それならば当事者であるギリシャ国民，もしくは彼らから負託を受けた首相が決めるべきだ，という考えがまず成り立つだろう。ところがこの事例の場合，支援受け入れの是非は，もはやギリシャ一国だけの問題

ではなかった。上記のように，ギリシャが破たんすればその影響は EU 全体を ゆるがし，世界経済まで左右しかねない状況であった。となれば，ギリシャ国民が何と言おうと EU やその加盟国首脳はギリシャに支援を飲ませる必要があり，支援受け入れの是非は EU 各国の首脳が決めるべきだ，という考えも成り立つ。世界経済に飛び火する可能性もあったのだから，世界銀行や IMF にだってギリシャに支援を受け入れさせる義務と権利があった，と考えることもできる。あるいは，上記の報道には現れないが，EU 各国の国民もギリシャの破たんで深刻な影響を受ける関係者だったと位置づけられる。ならば，フランスやドイツなどギリシャ以外の EU 加盟国 26 か国の国民が，ギリシャの支援受諾の是非を決めてもおかしくないではないか。

　似たような事態が 2016 年にも現出した。イギリスの EU 離脱をめぐる国民投票である。国民投票前の調査では，EU 離脱と残留でイギリス国民はほぼ拮抗し，「離脱するかもしれない」という不安材料となって世界経済を混乱に陥れた。イギリスは共通通貨ユーロを導入せず独自通貨ポンドを採用しているが，主要取引国が EU 各国であるから，イギリスが離脱するか否かは EU に大きな経済的影響を及ぼす。むろん，世界経済への影響も大きい。わが国でも当時，国民投票が行われる前から日経平均株価の大幅下落に円高進行と，直撃を受けた格好になった。当時，わが国の官房長官は「本件は英国民が決めること」だが「日本の国益にも関わることで，日本政府は英国が EU に残留することが望ましいと考えている」と述べたものである（2016 年 6 月 13 日付産経新聞）。「英国民が決めること」であるのは確かに言われる通りだが，本当にそれでよいのだろうか。イギリスが EU から離脱するには，まず国内の議会の承認，続いて欧州理事会への離脱通告，最後にイギリス以外の EU 加盟国 27 国中 20 国以上の承認（承認なき場合は 2 年後に加盟国の地位消失），という手続きが必要なようである（2016 年 6 月 15 日付毎日新聞）。つまりイギリス一国の意向だけですぐに EU 離脱が決定できるわけではないのだが，この手続きでは当事国の EU 離脱を止める権利を当事国以外の EU の他の国々が持つことができず，離脱の是非は事実上，当事国の決定にゆだねられる。EU のみならず世界全体にまで影響を及ぼしかねない決定を下す権利が一国の国民だけに与えられる構造に，疑問を感じた人はいなかっただろうか。「本件は英国民が決めること」と

言い切ってしまうことに，何か違和感と危惧を感じることはなかっただろうか。わが国だって無事ではすまされなかったのに（結局，国民投票の末に僅差でイギリスのEU離脱は決まったものの，当面はEUへの離脱通告を行わないこともその後決定し，2016年のイギリスは離脱を決めつつ事実上はEUに加盟中という宙ぶらりん状態になった）。

1-2　正当性とは：誰にどんな根拠から権利を承認すべきか

　ギリシャにしてもイギリスのケースにしても，EUや世界に混乱が生じるのは，利害や価値観の異なる多様な主体に影響の及ぶ重要な決定をめぐり，「どんな決定をすべきか」の前に，そもそも「誰がその決定をすべきか」について，それらの主体の間で合意が成立していないからである。

　既述のように，わが国では様々な公共サービス供給にかかわる政策や制度の決定が，行政による一元的統治であるガバメントから，行政と一般市民，あるいは企業，NGOといった様々な個人や組織との合議にもとづく共同的統治であるガバナンスへ移行する動きが散見されるようになった。しかし，ガバナンスとはそうした多様な主体の参加を前提とするまさにその前提ゆえに，「どんな決定をすべきか」の前に，「誰が決定すべきか」をめぐってそれらの主体の間に係争や混乱が生じやすい。ギリシャ危機におけるEU諸国の混乱はその典型例とも言える。わが国でも，先述の長良川河口堰の問題では，漁業協同組合・流域住民・行政の間で「川は誰のものか」という形となって河川管理の決定権をめぐる意見が紛糾し（長良川河口せきに反対する市民の会，1991），あるいは新石垣空港建設の際に漁業従事者・住民・行政の間で海の管理権をめぐって係争が発生した（熊本，1999）。東日本大震災後の宮城県では，漁業権の規制緩和——「水産特区」導入の是非——をめぐって県の漁協と行政との間に深刻な係争が生じた（小松，2011）。国外を見ればアボリジニーの環境権をめぐるオーストラリアの運動（細川，2005），ケニアにおける100年前の土地利用契約の有効性をめぐる白人入植者とマサイとの紛争（松田，2005）など，「誰が決定権を持つべきか」をめぐって人々の間に混乱が生じた事例は，わが国内外に多数指摘することができる。

ところで，これらの事例を概観すると，いずれもその焦点が森・川・海といった自然財の管理権をめぐる係争であることがわかる。こうした自然財には，利害や価値観の異なる多様な人々が共同利用するものがあり，共有財（コモンズ）と定義される。人々がコモンズとしての自然財を共同で利用する際，みんながてんで好き勝手に利用したのでは，森も川も海もたちまち枯渇してしまう。したがってコモンズの共同利用にあたっては，コモンズを適正に管理し長期的に持続させることを目的として，人々の行動に一定の統制を加える規範や制度を構築する必要がある。井上（1997；2001）のように，コモンズを適正管理するための規範や制度は，それ自体が人々の共同利用によって成り立つコモンズであると見なす論もある。言うまでもなく，どのような規範や制度を構築あるいは運用するかという決定は，コモンズを共同利用する人々に様々な影響を及ぼす重要な社会的決定のひとつである。つまり，ギリシャ危機のような国際関係レベルの問題から森・川・海といった身近なコモンズの管理に至るまで，それらはいずれも，そこにかかわる多様な人々に影響が及ぶ社会的決定がなされる際に，「誰が決めるべきか」をめぐる係争や混乱が発生するリスクを抱える点で，共通の構造をもっている。

中田（1993）によれば，コモンズの管理とは"当該地域共同組織の性格にそって，地域内の土地とそこでの「共同社会的消費手段」を中心とする地域生活諸条件に働きかけて，構成員が継続して，有効に利用しうるように，これを適切な状態に維持・改良し，さらにそのために構成員を秩序づけること"とされる。要約すれば，資源の持続的利用のために自他の行動へ一定の統制を加えることが，コモンズの管理である。これに沿って言えば，コモンズの管理をはじめ，多様な人々の利害を左右する社会的決定を行う権利とは，「資源の持続的利用をはじめとして，多数の人々に及ぼされる影響を適切に抑制・促進するため，自他の行動へ一定の統制を加える権利」と定義できる。ギリシャ危機のように，社会的決定の場面における「誰が決めるべきか」をめぐっての係争や混乱とは，上記のように定義される「社会的決定を行う権利」を，「誰に」「どのような根拠から」承認するかをめぐって，人々の間に離齬が生じたことから発生するのである。

では，社会的決定を行う権利を誰にどのような根拠から承認するかという

人々の判断過程は，どのようなメカニズムなのだろうか。これについて本書では，正当性（legitimacy）という概念に着目する。

宮内（2006）は，地域社会における漁業資源や森林資源の管理制度の変遷を調べた環境社会学的な調査にもとづき，コモンズの管理にかかわる正当性を，"ある環境について，誰がどんな価値のもとに，あるいはどんなしくみのもとに，かかわり，管理していくか，ということについての社会的認知・承認"と定義した。この定義は，コモンズの利用者や管理者の承認可能性について人々に共有された社会的合意を，正当性と見なすものである。この知見にもとづき野波ら（野波・加藤・中谷内，2009；野波・加藤，2010，2012；野波，2011）は，"自他に対する何らかの理由・価値にもとづくコモンズの管理権への承認可能性"を，正当性と定義した。つまり正当性とは，コモンズの適正管理を目的として，自己を含む個人や組織がコモンズにかかわる権利を，人々が何らかの根拠によって承認（あるいは否認）する主観的な過程である。野波・土屋・桜井（2014）は，この定義をさらに公共政策の決定場面へ適用し，公共政策に対する自他の決定権への承認可能性を，正当性と位置づけた。

人々が正当性の判断や評価を行う過程とは，自分や他者が何らかの社会的決定にかかわったり実際にその決定を行ったりする権利を，誰にどんな根拠から承認するかの判断過程である，ということになる。ではさらに，このように人々が自他の正当性について評価するとき，それを規定する「根拠」，規定因にはどんなものがあるのか，考えてみよう。

もともと正当性とは，Weber（1924／1978）によって「権威の正統性」が提起されて以来，社会学や社会心理学，政治学や哲学まで，広く社会科学全般の中で語られ，概念的な定義も多岐にわたる（Zelditch, 2001）。その多様な議論には，次のような大きく2つの視点がある。

第一は，権威や規範に対する人々の受容が，集合的な支持ないし合意の予測にもとづいて促進される過程を，正当性と見なすものである。たとえば政治学では，正当性について"統治する政治システムに対する，統治される人々による承認・受容・支持"という定義がある（Stewart, Carmichael, & Sweeting, 2004）。この文脈における正当性とは，行政による政治目標の決定に対する市民からの同意である。ある行為が社会の中で構造化された規範や価値に合致し

たものであるという一般化された認知を正統性（organizational legitimacy）と定義したSuchman（1995）や，権威・規範の正当性は不特定多数の人々がそれらを受容するだろうとの個人の予測によって強化されると主張したZelditch（2001），Johnson（2004），Walker, Thomas, & Zelditch（1986）なども，この第一の視点に依拠している。

　これに対して第二に，個々人が自らの価値観をもとに既存の集団間構造や社会システムの望ましさ・好ましさを判断する過程を，正当性と見なす視点がある。これにもとづく研究としては，集団間の格差について人々が公正（justice）や公平（equity）の価値から評価する過程を正当性と定義したCaddick（1981）などが挙げられる（Commins & Lockwood, 1979；Hornsey, Spears, Cremers, & Hogg, 2003）。また，モラル論から正当性を検討したKelman（2001）は，人々がモラル的な受容可能性の点から，個人・集団・社会システムなどを受容ないし拒否のカテゴリーに分類する承認過程を，正当化（legitimization）あるいは非正当化（delegitimization）と定義した。これをもとにしたJost, Burgess, & Moso（2001）などのシステム正当化理論は，集団をその社会的ないし経済的な地位などによって順位づける既存の社会システムに対する人々の受容過程を，正当化ととらえる（Jost & Banaji, 1994；Jost, Banaji, & Nosek, 2004）。さらにHornsey et al.（2003）は社会的アイデンティティ理論に従い，集団の序列基準となる勢力やステータスの格差が公正（justice）や公平（equity）の価値にどれほど一致するかという認知を，認知的正当性（perceived legitimacy）と定義した。この研究によれば，優位集団および劣位集団のメンバーが自分たちの集団ステータスに関する非正当性（illegitimacy）を認知すると（つまり，自分たちの集団と他の集団との間に存在する優劣・強弱の格差が，公正な過程で作り出されたものではないと評価すると），それまで自分たちの集団を順序づけていた既存の社会システムに代わる新たな選択肢へ注意を向けるようになり，これによって集団間コンフリクトが高まるという。これら社会心理学的な研究における正当性とは，人々が自他の集団のステータスやそれらが組みこまれている集団間関係を受容する過程として定義される。これらの研究は個々人の主観的な判断を正当性の基盤と見なしており，この点が，多数者による受容への予測という集合的過程を正当性の基盤とした先述のZelditchらと異なると

ころである。

　Dornbush & Scott（1975）は，規範や価値の正当性を合法性（validity）と適否性（propriety）に分離し，上記2種に分類される正当性の概念を統合する視座を提供している。前者の合法性とは，個人が自己の信念とは別に，一定の規範や価値には従うべきと認知する義務感である。その規範や価値に多くの他者が従うだろうという集合的受容が予測されるとき，合法性は増強され，規範や価値そのものに対する個人の支持も高まる。一方で後者は，規範や価値の好ましさ，望ましさに対する個人的な受容可能性の判断とされる（Dornbush & Scott, 1975）。

　これらの先行研究が示すように，権威や規範に対する承認としての正当性は，集合的受容の予測にもとづく承認と，個人の信念や価値観にもとづく承認という2種に分離される。これに沿って野波ら（野波・加藤，2010，2012；野波，2011；野波ら，2014）は，先述のように権利の承認可能性と定義された正当性の規定因を，制度的基盤（institutional substance）と認知的基盤（perceived substance）の2種に分離することを提唱した。前者の制度的基盤は，個人の主観的な判断の外側に存在する法規的ないし政治的，社会的な規範や制度に依拠した準拠枠である。これにもとづいて人々が自他の正当性を判断する過程では，個人的な信念や価値観よりも多数者による集合的支持が重視され，Suchman（1995）やZelditchらが定義した正当性や，Dornbusch & Scott（1975）による合法性に沿ったものとなる。後者の認知的基盤は，自他の好ましさや望ましさへの主観的評価に依拠した準拠枠である。この準拠枠にもとづく正当性への評価は，集合的支持の予測よりも個人の信念や価値観が前提となり，Caddickらや Jostらによる正当性，あるいは Dornbusch & Scott（1975）による適否性に沿った判断過程となる。

　つまり，社会的決定を行う権利を自他の誰（あるいは，何者）に承認するか，その正当性を判断するにあたって，人々はまず自他の制度的基盤と認知的基盤を検討する。たとえば，自分あるいは何者かが決定権を持つことが，明文化された法規や多数者の間で共有された規範で定められているのか，その何者かが決定権を持つことを多数者が受容していると予測できるか，といった要素が検討される。これが制度的基盤であり，個人的な価値観から独立した，多数者に

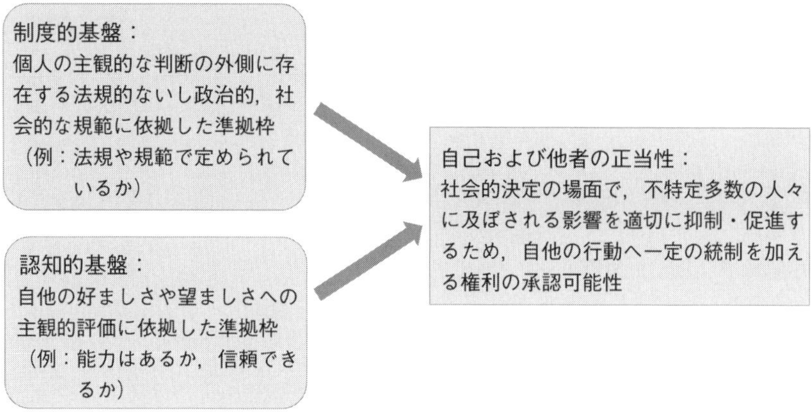

制度的基盤：
個人の主観的な判断の外側に存在する法規的ないし政治的，社会的な規範に依拠した準拠枠
（例：法規や規範で定められているか）

認知的基盤：
自他の好ましさや望ましさへの主観的評価に依拠した準拠枠
（例：能力はあるか，信頼できるか）

自己および他者の正当性：
社会的決定の場面で，不特定多数の人々に及ぼされる影響を適切に抑制・促進するため，自他の行動へ一定の統制を加える権利の承認可能性

図 1-1　社会的決定の権利をめぐる正当性評価の 2 重過程モデル

よる集合的な合意への予測過程である。これに対する認知的基盤としては，たとえばその何者かは決定権を持つに足る十分な見識や経験や能力を持っているか，決定によって影響を受ける多くの人々へ十分に配慮しているか，信頼できると思われるか，といった要素に検討が加えられる。これは，個人的な信念や価値観に立脚した検討過程である。人々は自他それぞれが持つこれら 2 種の要因を検討したうえで，その評価をもとに，おのおのの正当性を判断するのである。この過程は，社会的決定の権利をめぐる正当性評価の 2 重過程モデルとして示される（図 1-1）。

　正当性の規定因を一連の実験によって検証したモデルとして，相対的剥奪理論（Crosby, 1982）の知見をもとに有資格性（entitlement）と相応性（deservingness）という 2 つの要因を提起した Feather（2003, 2008）が挙げられる。前者の有資格性は，法律や規範といった外的な準拠枠にもとづく自他の権利に関する判断である。当然ながら，有資格性が高い個人は，決定を行う正当性も高いと評価される。これに対して相応性とは，なんらかの結果に対してそれが自他の行動によってもたらされたとする判断過程であり，行動を起こした個人がその結果に責任があると認知されることで，相応性があると見なされる。ある個人の相応性が高いほど，決定を行う正当性も高いと判断されるのである。Feather によれば，有資格性の判断と相応性の判断は相互に異なるものである。

たとえば，ある実績によって報酬を受け取るに値すると認知された個人が，法律的にはその権利を与えられない場合がある。逆に，報酬を受け取る法律上の権利は有する個人が，それに値する人物とは見なされない場合もある。こうした例のような有資格性と相応性の区別は，法学や社会学の分野でも提唱されているという（Feather, 2008）。上記2つの場面を想像してみればわかるように，有資格性と相応性の一致しない者が決定を行う場合，人々に怒りや不満といった否定的な情動が喚起され，その決定者の正当性に対する評価は低下する。これについて Feather は，場面想定法にもとづく実験的検証を行っている（Feather, 2003, 2008 ; Feather, Mckee, & Bekker, 2011）。

Feather の提唱した有資格性と相応性の概念は，それぞれ先述した制度的基盤と認知的基盤に一致する。図1-1に示した正当性評価の2重過程モデルは，対人場面で検討されていた Feather の正当性モデルを，利害や価値観の異なる多様な人々がかかわる社会的決定場面に拡大する試みでもある。

「権利の正当性」とか「正当な権利」などと言うと，そうしたものは法律で定められたもの，個人の勝手な判断で左右できないもの，と思われる向きもあるだろう。しかし，法規や規範による裏づけとは，私たちが自分や他者の権利の承認可能性を判断するにあたっての材料のひとつにすぎない。自他の有能性，誠実性，人柄の好ましさなどに対する個々人の主観的な評価も，正当性を評価する際の重要な判断材料になるのである。

鳥越（1995）は，神戸市内のある地域の住民組織が市内の河川の利用権を行政から認められ，河川改修などの行政の措置にも，実質的にこの組織の承諾が必要になっているという事例を報告した。河川や入会地などの利用に関して，法的な所有権を持たない人々にも，「特定の地域空間を占有し，なんらかの決議権を保持していること」と表現される共同占有権が成立することがある（鳥越, 1995）。ここで述べられた共同占有権は，法規や規範に拠らない認知的基盤をもとにした正当性と，部分的に同義と見なすこともできる。また，河川や入会地のみならず，都市部におけるマンション（の共用部分）や公園，景観などもコモンズの一種であり，こうした都市のコモンズの管理においても，それらの所有者と利用者を定める法制度が必要なことはもちろんだが，それとともに住民自治会のような利用者の組織が主体的に関与することも重要であるとい

う（高村，2012）。都市のコモンズの適正管理をめぐっても，その所有者・利用者の正当性には，制度的基盤だけでなく認知的基盤も問われるわけである。伝統的な入会林野にとどまらず都市部においても，コモンズの管理をはじめ多様な人々に影響を及ぼす社会的決定を行う人々の正当性と，その根拠として法規や規範以外の要因が問われる場面は多いのであり，少し考えればこうした事例は私たちの身のまわり，そこここに見つかりはしないだろうか。

　私たちは日ごろ学校や職場，その他いろいろな他者と触れ合う場面で，自分や他者に何らかの影響を及ぼす決定をしたりされたりする状況に数多く直面している。それらの状況の中で，法規によって権利を保証された人の決定だから受け入れる，と考えることばかりではないはずである。法規や制度の面で相手の権利がどう保証されているかは知らないが，有能で経験豊富な人の決定だから受け入れる，誠実で真摯な人が決めたことだから受け入れる，と考えることも多いだろう。たとえば選挙という制度は——企業などの組織や団体の代表者・役員を選ぶことから国会議員の選出まですべて等しく——，おおぜいの人々の利害にかかわる社会的決定を行う権利をめぐり，特定の個々人（立候補者）に対して私たちが認知的基盤をもとに判断した正当性へ，制度的基盤を付け加える儀式に他ならないではないか。自他の正当性とは制度的基盤と認知的基盤いずれかの，あるいはこの2つの規定因のバランスのうえで，判断されるものなのである。

1-3　アクター間で正当性の相互評価の不一致が焦点化するとき

　社会的決定をめぐって利害や価値観，意見や立場を共有するひとかたまりの人々を，本書では「アクター」と呼ぶことにしよう。これまで概観したように，社会的決定の権利をめぐっては，その決定の動向次第で影響を受ける様々なアクターの間で相互の正当性の判断が不一致となり，それによってアクター間に係争や混乱が発生する可能性がある。そしてその可能性は，当然のことながら，行政が単独で決定を行う一元的統治（ガバメント）に比べ，多数かつ多様なアクターの合議によって決定を行う共同的統治（ガバナンス）において，より高いことになる。

社会的ガバナンスの進展は，コモンズの管理制度を含む様々な制度や政策の決定・運用に際して，これらを一元的に決めていた行政のほかに，多様なアクターの参入に道を開く。ただしこのとき，どのようなアクターの参入を許諾するか，そもそもどんなアクターに参入を許すか許さないかという決定――参入するアクターの線引き――を誰がどのように行うのか，まずガバナンスのスタートからして，アクター間で正当性をめぐる合意が問われることになる。社会的ガバナンスの過程では，このようにまず「テーブルにつく権利」から始まって，最終的に「決定を行う権利」に至るまで，どのアクターに権利を承認するかという正当性をめぐる合意形成が，様々な段階で問われ続けるのである。またぞろ原発の例になるが，2016 年 3 月，滋賀県の住民 29 名が関西電力高浜原発（福井県高浜町）の運転差し止めを求めた仮処分申請で，大津地裁が運転を認めない決定を下した（2016 年 3 月 10 日付朝日新聞）。原子力行政において原発の「地元」とは本来，原発が立地する自治体であり，高浜原発であれば高浜町と福井県である。福島第一原発事故をきっかけに，住民の避難計画作成の要により，広義の「地元」が原発の 10 キロメートル圏内から 30 キロメートル圏内に拡大されたが，今回の提訴を行った滋賀県住民 29 名はいずれもこの圏内には居住していないという。仮処分を決定した裁判官は，自身の判断で原発の「地元」を行政の取り決めよりも広義に解釈し――司法は行政から独立しているのだから，こうした解釈を行うこと自体は何らとがめられるものではない――，29 名の滋賀県住民に高浜原発再稼働の是非を決定できる権利を承認したことになる。これを「画期的」と見るか「乱暴」と見るかは論の分かれるところであろうが，本書の枠組みから見れば，論が分かれること自体，「誰に決定権を認めるべきか」の判断とその根拠・価値が人々の間で異なり，正当性についてアクター間で合意が成立していないことの証左と見なし得るのである（少なくとも，原発の是非を決定する経緯に政府でも電力企業でもなく立地地域の自治体でも「地元住民」でもない，従来と異なるアクターの参入を認めた点では，画期的な決定と言えるだろう）。

　多様なアクターが自他それぞれの正当性を相互に判断し，アクター間での正当性の相互評価が一致すれば，社会的決定を行う権利の承認に関する合意形成がなされる。しかしどこかのアクター間で正当性の相互評価に不一致が発生し

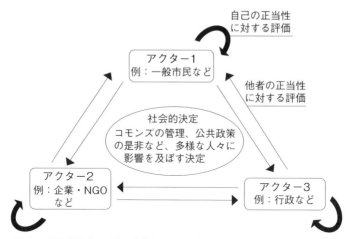

図1-2 社会的決定をめぐる多様なアクター間での正当性の相互評価構造(例)

た場合には,それがときに係争の原因ともなり,社会的ガバナンスの円滑な進行が妨げられる。これが,社会的決定の権利をめぐる多様なアクターの間での正当性の相互評価構造である(図1-2)。

　しかし一方で,正当性をめぐってのアクター間での係争と混乱とは,そもそも人々が行政によるガバメントを脱してガバナンスにもとづく制度や政策の円滑な決定・運用を目指す過程で,不可避的に発生するものと考えられる。換言すれば,正当性の相互評価におけるアクター間での不一致が焦点化するのは,合議と合意を前提としたガバナンスという手続きそのものを重視する価値観が,アクター間で共有されていることを端的に示す現象であるとも言える。つまり正当性をめぐる係争と混乱の発生は,人々の間にガバナンスへの希求が生じている兆しと見ることもできる。

　とは言うものの,コモンズの管理や公共政策の決定をガバナンスにもとづいて円滑に進めていくうえでは,そこに参加する様々なアクター間で,これらの社会的決定を行う権利を誰にどのような根拠から承認するかについて,その判断を一致させることがやはり重要になる。これに向けて,社会的決定をめぐる正当性とその規定因を検討することは,本章冒頭のように原発再稼働の問題などに直面した現在のわが国で,かなり緊急性の高い研究課題であろう。たとえ

ば石盛（2004；2006）は，地域社会でまちづくりへ参加する住民に，「まちづくりに関する意思決定は市民が主体的に行うことが保障されるべき」といった積極的な権利意識が定着していると報告した．こうした権利意識を持つ人々が増えれば，それに伴って自他の権利をどんな根拠から承認（あるいは否認）するのか，それらの相互評価をどのように一致させるのかといった側面が，地域社会から国家的な場面まで，多様な社会的決定の場面で厳しく問われることになるだろう．正当性の概念は今後のわが国で，学術的のみならず実践的な多方面にわたり，注目されるべきものではないだろうか．

権利の承認可能性と定義される正当性とその規定因など，ふだんの私たちはほとんど意識することもない．しかし，自分や他者の利害に影響を及ぼす決定が自分を含む何者かによってしたりされたりする際に，正当性は常に焦点化し，私たちの目の前に現れる．注意して眺め渡せば，私たちの身近な日常にも，自他の正当性が焦点化された場面がいくつもあることにすぐ気づくことだろう．

本書では，ふだんほとんど意識されることのない正当性について，社会調査やシミュレーション・ゲーミングなどの手法で実証的に検討した知見を紹介する．フィールドとなったのは，沖縄県における海の保全や在日米軍基地，内モンゴル自治区（中国）における牧草地の保全，さらにゲーミング上で設定された公共工事の場面や高レベル放射性廃棄物の最終処分場など，多岐にわたる．これら様々な場面における多種多様なアクター間で，正当性の相互評価の過程を明らかにすることを通じ，現在のわが国において正当性に着目することの重要性に気づいてほしい．

第2章
海を守る権利：
沖縄県の赤土流出をめぐる正当性

　この章では，沖縄県におけるラグーン（礁湖）の保全をめぐり，地域社会の様々なアクターの間に成立した正当性の相互評価について，解説しよう。沖縄県では土壌流出によるサンゴ礁への影響が問題視され，対策のために県レベルでも条例が作られているのだが，町村レベルの地域社会では，実際にどのような人々がどう対処しているのか。サンゴ礁への影響といっても，それが日常の利害に及ぼす影響を見れば，人によってこの問題へのかかわりの程度が変わるのは当然である。行政関係者，漁業従事者，それ以外の一般住民など，利害も価値観も異なる多様なアクターの間で，土壌流出の問題はどのようにとらえられ，またその対策立案を行う権利は誰（何者）が持つべきと評価されているのだろうか。アクター間における正当性の相互評価構造を見てみよう。

2-1　海を守るのは誰か：沖縄県における赤土流出問題の構造

　あらためて言うまでもなく，海は地球の財産，人類にとって唯一無二のコモンズである。たとえば漁業資源ひとつをとっても，再生可能な共有の資源として古くから位置づけられ（the classic common-pool resources），絶やすことなくどう守り，次の世代にどう伝えていくかという課題へ，世界中の人々が直面してきた（Libecap, 1995）。ここでは沖縄県における海の保全を，特に土壌流出問題への対策に焦点を絞って概観する。

　真っ白な砂浜，紺碧の波，色鮮やかなサンゴ礁というイメージの強い沖縄の海だが，現在の沖縄本島では塩害・高潮対策と称するコンクリートの防波堤や消波ブロックが海沿いにどこまでも連なり，リゾートマンションだのホテルだ

のがいたるところ乱立して（都市部に近い本島南部や中部の西海岸で特に著しい），「真っ白な砂浜」という自然の海岸はずいぶん少なくなってしまった。さらに米軍基地の存在も大きい（第4章で詳述）。那覇市に隣接する浦添市などは，在日米軍基地のひとつである牧港補給地区（キャンプ・キンザーと呼ばれる）によって海沿いの土地がほとんど占められ，市街地はわずかな隙間をぬってようやく海岸とつながる程度（なおキャンプ・キンザーは日米両政府の協定で 2025 年以降に返還と決定され，市がその跡地の再開発計画を進めている）。地元の小学生が「浦添にも海があったんだ」などと驚くらしいのである（筆者による 2007 年度インタビュー調査）。

筆者が 2008 年に恩納村で行ったインタビュー調査では，住民から見た海のイメージが以下のように端的に語られる。

> 地元の人はビーチでは泳がない。泳ぐ場所ではなく，そこにあるもの，見るもの，というイメージ。いまはハブクラゲとかも出るし，泳ぐのは危険なのかもしれない。地元の若い人にとっては，プールでは泳ぐが，海は潮干狩りとかバーベキューとか，遊ぶ場所だ。

野池（1990）によれば，沖縄では沿岸の浅い海（礁湖，ラグーン）をイノーと呼び，かつて石垣島の白保地区の人々は家庭で消費する魚介類を採るための家族漁労の場として，イノーを大切に維持してきたという。もっともこれは 1960 年代ごろまでの石垣島の話であり，現在の沖縄本島で一般住民の視線が日常的に海に向けられることは，あまりないのかもしれない。

しかし，日光が燦々と入るイノーはサンゴや藻類とそこに住まう魚介類の涵養に不可欠で，沿岸漁業や観光業を支える重要な資源である。したがって，沿岸漁業従事者と観光業従事者にとっては，イノーの汚染は重大なリスクととらえられるだろう。

沖縄県の産業構造を見ると，筆者が調査を行った 2007～2008 年当時，農業・漁業を含む第 1 次産業が県内総生産の 1.9% に対し，観光業を含む第 3 次産業（一般従事者）は 89.5% であった（沖縄県企画部，2007）。額面で見た場合，県内総生産額（生産側，名目）は 38,351 億円（控除前）で，うちわけは第 1

次産業694億円（1.8%），第2次産業4,352億円（11.3%），第3次産業33,304億円（86.8%）となる。第3次産業のうち，サービス業（医療福祉，教育学習支援業，飲食店宿泊業，複合サービス業など）は11,108億円（同29.0%）で最大であり，県内総生産額全体の実に3割を占める（平成18年度統計）。統計上，サービス業の中で観光にかかわる範囲を明確にすることは困難だが，直接，間接に観光に関与するサービス業は多岐にわたると推測できるから，サービス業全体による生産額の大きさから見ても，沖縄県における観光業の重要性が指摘できる。こうなると，多くの住民にとって海との日常的な接点が少ないといっても，イノーは県全体の基幹産業となっている観光業を支える重要な柱であり，県全体でのコモンズとなるわけだから，それがダメージを受けることは県として看過できない（余談ながら上記の統計からは，製造業など第2次産業の比率が他県に比べかなり低い構造も浮かび上がる。企業社屋や工場の立地に適した海岸沿いの平地がほとんど米軍基地に占拠されているためだ——とも言われる）。

　沖縄本島で土壌（沖縄独特の赤土）の流出がイノーのサンゴ類に損害を及ぼす赤土流出問題が深刻化したのは，沖縄県が本土復帰する前後の1970年ごろからで，1975年の沖縄海洋博の前後から急速に激化したとされる。赤土流出問題とは，イノーに流入した赤土が海底に堆積したり微粒子となって海中に浮遊したりすることでサンゴの呼吸と光合成にダメージを及ぼすことから発生する，生態的および経済的な問題である。

　沖縄県における赤土流出は，構造物や植物などが取り払われたむきだしの裸地が雨にたたかれて発生することが多く，従来の主な流出源は開発工事現場と農耕地，そして米軍基地とされていた（大見謝，1997）。このうち開発工事への対策として，沖縄県は1995年に「赤土等流出防止条例」を施行する。具体的には，一定以上の面積にわたる開発工事（造成工事など）を県が許諾するに際して，造成業者に赤土流出を防ぐ柵や沈殿池の設置，現場の被覆といった対策を義務づけたのである（図2-1）。これにより，赤土流出量は条例施行前の約40万トン（1993年）から18万トン（2000年）へと大きく減少した。しかし，条例の規制対象外となった既存農耕地と米軍基地からの赤土流出量は減少せず，現在では農耕地からの流出量が全体の約70%を占めるという（2000年

図2-1 沖縄県の「赤土等流出防止条例」にもとづく造成工事現場の例（2006年筆者撮影）
掘削現場がブルーシートで被覆され，周囲には赤土流出を防ぐ柵が作られている。

10月17日付沖縄タイムス）。残る米軍基地からの流出には県も国も対策が打てない（4章1節で概説する日米地位協定の壁もあるのだろう）。

　農耕地からの赤土流出を低減させる有効な防止策として，耕地部分をシートや敷草などで被うマルチング，耕作地辺縁部の植樹などが挙げられる（図2-2）。技術的にはいずれも難しいことではない。しかしこれらの対策には，たとえば耕作地を被うビニールシートが通常100メートルあたり3,000円，生分解性のシート（作物の生育も良く，農家としてはぜひ欲しいものだという）はその3倍以上とかなり高価であったり，辺縁部への植樹は作付け面積の実質的な減少になったり，敷草（沖縄ではサトウキビの絞りガラがよく使われる）は「畑が荒れている，畑の持ち主が怠けている」と周囲から見られてしまうことを耕作者が嫌うなど，農業従事者に実施を忌避させる要因が介在する。ところがこうした対策の実施は個々の農業従事者の自発性に任され，東村など一部を除いては，自治体による補助もあまりなされていないようである（逆に，赤土流出を起こした営農家への罰則を設けた自治体もある）。これでは，自発的な普及を

図 2-2　赤土流出の防止策を講じた農耕地の例（2008 年筆者撮影）
耕作地辺縁部に植樹ならびに防護壁の設置がなされている。

期待することはなかなか難しいであろう。

　前述のように，現在の沖縄でイノーへの関与が相対的に大きい層は，沿岸漁業従事者と観光業従事者であり，特に栽培漁業を営む沿岸漁業従事者に対する赤土流出の影響は甚大である。沖縄の特産品であるモズクなどの海藻類は，海中に日光が明るく射しこむイノーで栽培されており，赤土流出の影響を受けやすい。モズクの収穫期は年に一度，4～6 月である。ところが沖縄ではこの時期が畑作物の端境期となり，刈り取りをひと段落させて裸地となった耕作地が多いうえ，本土より一足早い台風シーズンがこれに重なる。激しい風雨で赤土流出が発生すると，収穫期を迎えたモズクが赤土の微粒子をかぶって商品価値が激減してしまうのである。

　農業・漁業を含む第 1 次産業が沖縄県の県内総生産に占める先述の 1.9% という数字は，第 3 次産業に比較して著しく低い。すなわち赤土流出問題には，産業構造上の少数者層である農業従事者が，同じく少数者層の漁業従事者に被害を及ぼし，この 2 種以外の多数者層である一般住民は直接的な利害関係をあ

まり持たないという構造が見られる。この事態は，(1)農業従事者（少数者層，農耕地から赤土が流出），(2)漁業従事者（少数者層，赤土流出の被害を最も受けやすい），(3)それ以外の一般住民（多数者層，赤土流出との関連は低い），および(4)上記3者間の調整者としての行政という，利害の異なる4つのアクターの間で生じた，イノーをめぐってのコモンズ・ジレンマと見なすことができるだろう（家中，1998）。より厳密に言うなら赤土流出問題の構造とは，コモンズの利用に伴って発生したアクター間の受益と受苦の格差が解消されないまま，長期的にはコモンズの減衰がアクター全体へ損失をもたらす経過の途上にあるわけで，加害型ジレンマ（工場排水型）ないし格差自損型ジレンマから自己回帰型ジレンマ（共有地型）へ変わりつつある環境問題のひとつと見ることができる（舩橋，1998）。

2-2　正当性を規定する認知的基盤の曖昧さ：宜野座村の事例

　赤土流出問題への対策づくりを焦点としたアクター間の正当性の相互評価を調べてみると，公共政策をめぐる正当性の合意形成における難しさが浮かび上がってくる。沖縄本島の北東部に位置する宜野座村の事例を見てみよう。

　宜野座村では，1995年に沖縄県が条例を制定するよりも早く，1982年に村で独自の「赤土等防止条例」を定めている。ただしこの条例は実際には村内で周知されておらず，赤土流出問題の解決にあまり役立っていなかった。村内の全産業従事者およそ2,300名のうち漁業従事者は約60名（2.5%）で（2005年度版国勢調査による，以下同様），モズク養殖を主とする栽培漁業が柱である。村内の漁業協同組合は児童などにモズク養殖へ親しんでもらうことを目的として「モズク祭り」というイベントを主催していたが，赤土流出の被害でモズク祭りが中止される年が相次ぐ。漁業協同組合の役員らは行政職員と交渉したり，村長や行政職員らに赤土流出の現場を見せたりといった活動を繰り返し，赤土流出の防止を村の行政へ要請していた。村内には農業従事者も360名(上記15.5%)と一定層が存在し，「赤土が出ているのは誰の農地かまで分かる」という状態だったようである。2006年には村内の漁業・農業・商工業・行政にたずさわる人々がボランティア組織を立ち上げ，村内の耕作地辺縁部に草木を植え

る植樹祭を主催するなど，一定の活動を行った．この植樹祭には漁業従事者や一般の人々のほか，行政の職員も参加しており，行政を含む多様なアクターが村内の赤土流出問題の解決へ参入したことになる．コモンズとしてのイノーの管理に携わるアクターとして，漁業従事者と農業従事者のほかに行政と一般の人々の参入が見られた点で，こうした動きを宜野座村における社会的ガバナンスの萌芽と見ることもできる．

この事例のように利害の異なる複数のアクターがコモンズに関与する場合，コモンズの利用や管理にかかわる権利をどのような根拠から誰に承認するかという正当性の評価は，アクター間で異なったものになると考えられる．北海道で河川管理の公共事業に焦点をあてた事例では，事業に対する関与の低い一般市民が，農業従事者や自然保護団体，行政や専門家，そして自分たち一般市民に対し，それぞれの専門性と公正性，および事業の可否を決定するメンバーに入るべきとの判断において，異なる評価を下したことが報告される（大沼・中谷内，2003）．この報告で取り上げられた「政策決定のメンバーに入るべき」という評価は，本書で述べる正当性とも共通する．つまり大沼・中谷内（2003）の知見は，「公共政策の是非を決定するメンバーとなる権利」をめぐって，たとえば一般市民という1つのアクターが，行政機関や専門家といった種々のアクターの正当性をそれぞれ異なったレベルで評価し，またそうした正当性の評価に，各アクターの専門性と公正性が関連することを示唆している．

あるアクターが管理者に専門性を望む一方で，他のアクターは専門性よりも公正性を持った管理者を正当と見なす事態では，「誰を正当な管理者と承認するか」という決定について合意を達成することは，困難になるだろう．アクター間で管理者に望む属性が異なれば，管理者の正当性に関する合意形成が阻害されてしまう——つまり，「管理者は誰であるべきか」に関する合意が阻害され，多様な人々の参加にもとづく社会的ガバナンスが機能不全に陥ることにもつながる．

野波・加藤・中谷内（2009）は，宜野座村における赤土流出問題への対策を焦点として，農業従事者・漁業従事者・一般住民の間での正当性の相互評価を検討した．この報告では，公共政策の是非に関与する多様なアクター間でそれぞれの正当性はどのように評価されるのか，その際に正当性の規定因となるの

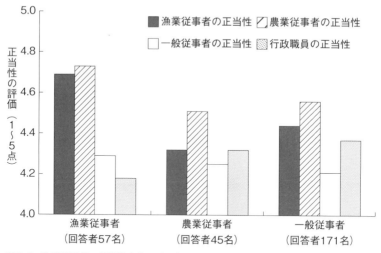

図2-3 漁業従事者・農業従事者・その他の一般従事者による，自己を含むアクター4種の正当性に対する評価（野波ほか，2009より筆者作成）

は何かについて，大沼・中谷内（2003）が取り上げた専門性のほか，当事者性と地域性（赤嶺，2006；矢野，2006）を取り上げている。専門性とは，専門的な情報や技術を持つ人々がコモンズの管理を行うべきという評価である。当事者性とはコモンズに直接かかわり利害関係にある当事者が管理すべきとの評価，さらに地域性とは，コモンズを内包する地域全体での管理が正しいという評価である。

　宜野座村の農業従事者・漁業従事者・その他の一般従事者を対象として，これら3つに行政職員を加えたアクター4種それぞれが村内の赤土流出問題の解決に参加する正当性の評価を尋ねた。図2-3は，自己を含むアクター4種の正当性について，農業従事者・漁業従事者・一般従事者それぞれが評価した結果である。まず漁業従事者と一般従事者は，行政および一般従事者が赤土流出問題に関与する権利の正当性よりも，農業従事者と漁業従事者の正当性を高く見積もる傾向があり，統計的にも明確な差異が見出された。これに対して農業従事者は，自分自身を含む4種のアクターの正当性について，アクター間であまり差をつけず，一律的に評価していた（統計的に有意な差はなかった）。

　この結果からは，漁業従事者と一般従事者が，赤土流出問題への対策を行政

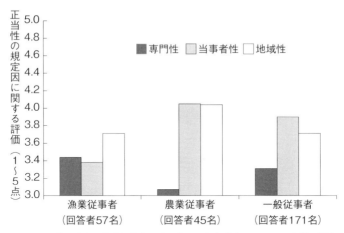

図 2-4 漁業従事者・農業従事者・その他の一般従事者による，正当性の規定因に関する評価（野波ほか，2009 より筆者作成）

に委託するよりも，農業従事者と漁業従事者に任せるべきと判断していたことが示唆される。

　専門性・当事者性・地域性の3種で測定した正当性の規定因に対する各アクターの評価は，図 2-4 の通りである。農業従事者と一般従事者は，専門性よりも当事者性と地域性への評価が高く，彼らは赤土流出問題への関与が深いアクター，あるいは同じ村のアクターが，赤土流出問題の評価や判断を行うべきだと見なしていた。漁業従事者では，地域性への評価が高くなる傾向が見られた。

　漁業従事者と一般従事者が行政の正当性を低く見なした（図 2-3 参照）のはなぜなのか，その理由は彼ら2者が赤土流出問題の評価や判断を行うべきアクターに望んだのが，専門性よりも当事者性あるいは地域性だったからである（図 2-4 参照）。行政は赤土流出問題に関する専門知識や対応技術を持つと期待できるアクターだが，農業従事者と漁業従事者に較べると，この問題への直接的な関与は低いだろう。専門性ではなく当事者性ないし地域性を求めた漁業従事者と一般従事者にとって，行政の正当性が低く見なされたのは当然の帰結であった。既に述べたように，宜野座村の漁協は数年にわたって繰り返し村行政へ赤土流出の防止を要請したが，これといった解決策が打たれないまま漁業被

害が続いていた。こうした経緯も，漁業従事者が行政の正当性を低く見積もる原因になった可能性がある。

　各アクターの正当性とその規定因との関連を見たところ，たとえば漁業従事者の正当性について，農業従事者の側はこれを当事者性と地域性から根拠づけたのに対し，一般従事者の側は専門性から裏づけた。あるいは一般従事者の正当性に関して，一般従事者自身はこれを自己の地域性と専門性から基盤づけたが，農業従事者と漁業従事者の側は，一般従事者の正当性を地域性のみから根拠づけており，専門性との関連は認められなかった。

　当初の予想通り，同一のアクターに対して，その正当性を根拠づける準拠枠が周囲のアクターごとにそれぞれ異なるという事態が見出されたわけだが，コモンズの管理をめぐってはこのような事態の発見が重要である。新石垣空港の事例を見てみよう（熊本，1999；家中，2001）。この空港の建設には石垣島白保地域のイノーの埋め立てが必要だったが，沖縄県および石垣市の行政は，イノーに最も身近であった白保地域の住民ではなく，沖合漁業が主であり沿岸のイノーをほとんど利用しない八重山漁業協同組合を，埋め立てにかかわる「当事者」と位置づけた。また，公共工事の行政手続き上で重視される"地元の同意"に際して，行政はその"地元"を，白保地域の住民ではなく石垣市全体の市民と市議会とした。熊本（1999）および家中（2001）には，行政が意図的にこうした見解をとったとの観点が散見される。しかし宜野座村の事例が示したように，各アクターの専門性・当事者性・地域性に対する評価とそれに裏づけられた正当性の評価は，アクター間で相互に異なっていた。熊本（1999）や家中（2001）が指摘する行政の意図が介在せずとも，"当事者"や"地元"といった位置づけの評価をめぐって，アクター間の相違は常に発生する可能性が高い。

　あるアクターがコモンズの管理者に当事者性を望んだとしても，そもそもどのアクターを当事者とするかの評価が異なる。あるいは，管理者に当事者性を望むアクターがいる一方で，他のアクターは当事者性よりも専門性を持った管理者を正当と見なす。このような事態では，「誰を正当な管理者と承認するか」についてアクター間で合意を達成することは，困難になるだろう。

　コモンズの管理や利用をめぐって個々のアクターの位置づけが不明確になりやすいのは，コモンズが共有であるまさにそのために，所有者・管理者・利用

者を定める基準が曖昧になりやすいためである。私有財の場合，法規的に定められた所有者に，当該の財の管理権や利用権が付与される。しかし，海・川・森などの自然財をはじめとするコモンズは所有者が特定されにくかったり，あるいは所有者・管理者・利用者が別々であったりする。第1章で触れた長良川河口堰をめぐる「川は誰のものか」という問いかけなど，河川（一級河川）はコモンズ，しかしその管理者である国と利用者である沿岸住民がおのおのの権利を主張して対立した典型的な事例である（第1章2節参照）。

　所有者の定義が法規的に定められた私有財ではその所有権や管理権の所在も明確で，人々は法規や制度にもとづくそれらの権利を一律的に承認しなければならず，正当性をめぐってのアクター間の合意は自動的に形成される。係争の発生する余地は小さい。しかし，所有者が曖昧であったり所有者・管理者・利用者が別々であったりという事態が発生しやすいコモンズの管理をめぐっては，正当性を規定する制度的基盤と認知的基盤（第1章2節，図1-1参照）のうち，私有財の場合のような制度的基盤が作動しにくく，認知的基盤に依拠する部分が相対的に大きくなる。ところが認知的基盤には，法規や制度のように人々の評価を収束させる強制的な影響力が乏しい。そのため，正当性の評価にアクター間で差異が発生しやすくなるのである。各アクターが自他の正当性を，当事者性や地域性，専門性など多様な認知的基盤から根拠づけ，正当性そのものへの評価にもアクター間に不一致が見られた宜野座村の事例は，コモンズの管理権をめぐって認知的基盤が多様化しやすい現象を明示したと言える。

　アクター間での正当性の評価とその規定因である制度的基盤・認知的基盤を検討することは，コモンズの適正管理をめぐるガバナンスにおいて，重点的な課題である。Rodríguez-Bailón, Moya, & Yzerbyt（2000）は資源配分の決定権を持つ他者に対する人々の受容過程を検討しているが，これと同様に，正当性とそれを根拠づける制度的基盤・認知的基盤への着目も，コモンズの管理権を持つアクターに対する人々の受容過程を解明することにつながる。宜野座村の事例の分析は，正当性を規定する認知的基盤について，その評価が多様化しやすく，したがってそれに裏づけられた正当性の評価もアクター間で多様なものになる過程を示す結果となった。

2-3　海の守り人と承認された人々の2つの柱：恩納村の事例

　それでは，コモンズの管理をめぐってアクター間で正当性の評価が一致するケースはあるのだろうか。やはり赤土流出問題への対策を焦点として，別の地域の事例を見てみよう。

　沖縄本島中部の西海岸部に位置する恩納村は，世帯数およそ3,500戸，人口総数約9,600人である（2006年統計）。就業者およそ4,700人の中で第1次産業は約800人（17%），そのうち漁業従事者は116人とされる。もっとも，筆者らが調査を進めた2008年当時での恩納村漁業協同組合（以下，恩納村漁協）の加入者数は，准組合員（組合員の家族など）を含めて実際には約330人をかぞえた。恩納村漁協の収益は2008年の時点で約12億円，当時としては沖縄県内で恒常的に黒字を維持する数少ない漁協とされ，組合員1人あたりの年間平均所得も高かった。つまり，優良漁協であったわけである（外部からの視察も多数にのぼったようである）。

　恩納村漁協の収益の多くは，村内の屋嘉田潟原(やかたかたばる)という干潟などで行われるモズク・海ブドウ・アーサ（ヒトエグサ）・タカセ貝・シャコ貝などの栽培ないし養殖漁業に依拠しており，採漁による収益は沖合・遠洋を含めて全体のわずか5%にとどまっていた。沖合漁業などの場合，沖縄本島内の他の漁協に較べて恩納村漁協は地理的に不利であったようで，そのために沿岸漁業を主力とすることを1962年に決議している。ところがその後，1970年代には沿岸の漁業資源を枯渇寸前にしてしまい，この反省から栽培漁業に切り替えた経緯があるという。この結果，恩納村漁協の事業方針は，沿岸海域すなわちイノーの保全と，資源の持続的利用にもとづく漁業の継続に重きを置いたものとなる。たとえば恩納村漁協の2008年度運営方針には，「環境にやさしい漁業」「里海づくり」という目標があり，資源管理型漁業の推進と生態系の保全を目指した具体的な活動計画が盛りこまれている。

　こうした一方で恩納村は，沖縄本島の中でも特に，大型のリゾートホテルやマンションが数多く集中する地域でもある。村内には大小さまざま，豪華なリゾートホテルがずらりといった趣で，2008年度統計で年間宿泊者数は約210

万人に及ぶ（筆者もゼミ合宿に利用し，学生たちからの評価は上々であった）。観光は恩納村の重要な産業なのである。当然ながら，「真っ白な砂浜」「色鮮やかなサンゴ礁」というイメージの沿岸海域は，観光資源として必要不可欠になる。恩納村で観光業者と漁業従事者が対立することはあまりなく，たとえばリゾートホテル側がダイビングや遊漁（釣りなど）など，海にかかわる観光事業を行う際には，ガイドと操船のために漁協から人員を雇うなど，両者はイノーの利用を通して協調関係を築いている。世界的な景気悪化のあおりで観光客が激減した2009年には，村内のホテル経営陣，区長や商工会メンバーなどの一般住民，恩納村漁協の関係者，および村行政職員から成る「恩納まち興し協議会」が立ち上げられ，村行政から一定の予算を受けて観光客の増大を目指す事業が進められた。

　このように見ると，漁業資源および観光資源の両面から，イノーは恩納村全体の重要なコモンズであることが理解できる。したがって赤土流出の防止は，村全体の利害にかかわる重要政策である。

　恩納村内で赤土流出による漁業被害は，栽培モズクに軽度の被害が報告された1990年頃を最後に，ほとんど発生していないという。これには2つの要因が介在している。第一に，恩納村では農耕地からの赤土流出を食い止める土地改良や沈殿池の設置がほぼ完了し，農耕地が赤土流出源とならないことである。沖縄県の赤土流出問題に関与するアクターは先述のように農業従事者・漁業従事者・一般住民・行政の4種が定義されたが，恩納村の場合，このうち農業従事者が介在しないことになる。第二に，農耕地とならぶ重大な赤土流出源である造成工事に対して，以下に述べる共同統治システムが村内で作動していたことが挙げられる。

　恩納村では赤土流出問題への取り組みとして，村行政職員・漁協理事・行政区の区長などから成る「恩納村赤土流出防止対策協議会」（以下，協議会）が設立されている，村内でなんらかの造成工事が計画された場合，その工事が行われる当該区の区長，行政職員と恩納村漁協関係者（主に漁協理事をはじめとする正組合員）などから成る協議会が発足し，事業者に対する赤土防止策の要請や造成現場の巡回監視などを行う。工事が終了するとその協議会は解散し，新たな工事が計画されるとそれに応じて再び新しく協議会が設立される，とい

う具合である。

　この協議会は，沖縄県が定めた「赤土等流出防止条例」に立脚した組織ではなく，恩納村の行政のうえでも，協議会を基盤づける制度や予算などは特に設定されない。したがって協議会の答申や要請にも，法的ないし政治的な裏づけはないことになる。にもかかわらず，これまで村内の造成工事に際して，赤土流出防止策の施工を求める協議会の要請が事業者から拒絶されたことは，ほとんどないという。村内の造成工事に際して協議会が，県の赤土等流出防止条例よりも厳格な防止策を事業者に求めることもあったが，事業者はこのような答申も受け入れている（後述するインタビュー調査の結果から）。つまり恩納村の協議会は，村や県の条例などに設立基盤を持たず，区長をはじめとする一般住民，村行政の職員，恩納村漁協関係者という3つのアクターによる自発的組織でありながら，事業者に対して一定の統制力を持ち，赤土流出を防止するうえで効果的に機能していた。

　法的ないし政治的な裏づけを持たない自発的組織になぜこのようなことが可能だったのだろうか。これを明らかにするため，協議会の主要アクターとなる村行政職員・漁協関係者・一般住民に対して，それぞれの正当性とその制度的基盤・認知的基盤に焦点をあて，インタビュー調査を実施した（野波・加藤，2010）。インタビューの対象者は恩納村行政職員3名，漁協関係者1名，一般住民1名（いずれも男性で，協議会に参加経験がある）であった。

　まず，「恩納村赤土流出防止対策協議会」の設立背景に関して，村行政の職員から以下の回答が得られた。

【村行政職員の回答例：協議会の設立背景について】
　「協議会を作るということに，村の条例などでの規定はない。もちろん，県の条例にもない。まったくの自主的なものだ。だから，協議会に法的な裏づけや政治的な裏づけは，まったくない。協議会の答申や意見にも，法的な裏づけはまったくない」（回答 1-a）

　「村としては，赤土問題に関する特別な条例などはない。対策の予算も特につけない。県の条例に沿ってやっている。工事のときも，工事予算の中から対策費を用意していて，村から予算を出すことはない」（回答 1-b）

協議会に法的ないし制度的な担保がないことは先にも述べたが、行政職員からはこれを裏づける回答がよせられた。協議会の設立には、条例や制度などではっきり定められた経緯もなく、村の予算などによる基盤もない（回答1-a, 1-b）。まったくの自発的な組織で、したがって協議会の答申や要請に法的な裏づけもないことが、あらためて明らかになった（回答1-a）。

協議会の活動内容については、以下のように明らかになった。

【村行政職員の回答例：協議会の活動内容について】
「赤土対策の防止プラントがちゃんと設置されているかというチェックは、協議会が行っている。協議会のメンバーが、工事の現場にぞろぞろ出かけていくのだ。まったくのボランティアで、行政はタッチしない。むろん、行政からの手当てなどもない。協議会のメンバーとして行政職員が同行することもあるが、これは協議会のメンバーとして参加するのであって、行政が参加しているわけではない」（回答2-a）

【漁協関係者の回答例：協議会の活動内容について】
「赤土流出防止協議会への参加には、区長も区民もゾロゾロやってくる。でも、誰も一銭ももらっていない」（回答2-b）

【一般住民の回答：協議会の活動内容について】
「工事を受注した業者は、赤土防止のプラント案の図面や概要を工事前に協議会へ出して、議論する。プラント案に不備があれば協議会でダメ出しをして、改善させることもある。プラント1つでは足りなくて、3つ作らせたこともある。県の条令では200ppm以下で赤土の水を流してもいいが、とんでもない話で、50ppm以下まで落とすプラントにさせた」（回答2-c）

「ただ、協議会がダメ出しをしても、工事そのものは進む。協議会は、赤土防止のプラントは改善させる、でも工事全体は止められない」（回答2-d）

一般住民の回答からは、以下のことがわかる。まず、協議会は村内の造成工事そのものの進行や中止に関する決定権を持つわけではない（回答2-d）。し

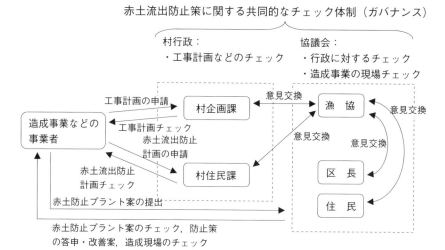

図2-5 赤土流出に対応する村行政と協議会によるガバナンスの概要（野波・加藤，2010より筆者作成）

かし，工事に伴う赤土流出の防止対策については，これを事実上決定し，事業者に遵守させる統制力を持っている（回答2-c）。この回答をよせた一般住民は協議会に参加した経験があり，自分がメンバーとなった協議会の活動を通じて，事業者に赤土流出の防止対策を実施させた経験を持っていたようである。さらに協議会は，自らが要請した赤土流出防止策を事業者が実際に遵守しているかをチェックするため，現場を視察する作業も行っていた（回答2-a）。また，協議会のこうした活動は行政から独立しており，漁協関係者や一般住民によって自主的に担われたものであった（回答2-a，2-b）。

開発工事の事業者は本来，沖縄県が制定した「赤土等流出防止条例」に従って，工事開始前に赤土流出防止策の案を自治体に提出し，認可を受けることが定められている。しかし恩納村の場合，造成工事などの計画は村の企画課，赤土流出防止策は住民課へ提出されるほか，そうした村行政によるチェックを協議会がさらにチェックする形になっており，行政と協議会の共同的なチェック体制が作られていた（図2-5）。

村内で実施される造成工事の認可や中止を決定する法的権利を持つのは，村や県あるいは国の行政である。しかし，造成工事の現場で赤土流出の情報を収

集し，それをもとに対応策を決定するのは，漁協をコアメンバーとする協議会であった。つまり恩納村では，行政と協議会という2つのアクターのガバナンスにもとづいて，赤土流出の防止対策が決定されていた。

次に，協議会のメンバー構成と人選の経緯について尋ねたところ，行政職員と一般住民から，以下のような回答が得られた。

【村行政職員の回答例：協議会のメンバー構成と人選経緯について】
「村内のどこかの区で大きな工事があると，その区の関係者を含めた赤土対策の協議会ができて，工事が終わると解散する。そしてまた別の区で，そんな感じ。行政の職員が入っていない協議会はあるが，漁協の関係者が入っていない協議会は多分ないだろう」（回答3-a）

【一般住民の回答例：協議会のメンバー構成と人選経緯について】
「行政がメンバーの人選をするときもあるし，区や漁協で自主的に決めることもある。人選はまったくケースバイケース」（回答3-b）

まず行政職員の回答（回答3-a）からは，一般住民が協議会へ加わるときには造成工事の行われる当該区という当事者性の強い地域から選ばれることがわかる。また，人選を行うのは行政だったり区や漁協だったりとその都度いろいろで，どこか特定のアクターがメンバーの決定権を持つわけではないことが，一般住民の回答からわかった（回答3-b）。さらに，行政職員は必ずしも協議会に入らないが漁協関係者が常にメンバーになるという点は，赤土流出の防止策を決定する協議会の実効性を考えるうえで，最も重要な点である（回答3-a）。協議会において，漁協が重要なキーであることが推測できる。

村内の赤土流出問題の解決策策定にあたって漁協が大きな影響を及ぼしていることについて，さらに以下のような回答も得られた。

【村行政職員の回答例：漁協の影響について】
「ホテル建設のとき，ビーチをいじることもほとんどやらなかった。ビーチをいじるのは岩礁破砕につながるので，法的に漁協の同意が必要だ。漁協はこれに一切同意しなかった。村内のビーチには漁業権がかぶっている

ので，漁協の同意なしにビーチをいじることはできない」(回答 4-a)

「村行政の中でも，"まず漁協ありき"になっている。今まで屋嘉田潟原の埋め立て計画もあり，役場や村の総合センターを造る計画だったが，すべて漁協が蹴飛ばしてきた。漁業権を決して手放さなかった」(回答 4-b)

【漁協関係者の回答例：漁協の影響について】

「県や国や民間の工事のときには，住民から漁協と区長へ"村(行政)に文句は言ったか，チェックはしたのか"とクレームがくる。言われた人は必ず動かないと文句を言われる」(回答 4-c)

「漁協はリゾートホテルとの交渉を率先してやり続け，それが村内の周囲の人々に知られるようになって，その繰り返しで，漁協が地域から信頼されるようになった」(回答 4-d)

「工事の図面チェックというのは，土木や排水に関する部分だけなら，慣れれば素人でも簡単にできる。単純な設計図だ。防砂の壁を作って沈砂池を作って，と。それだけだ」(回答 4-e)

漁協関係者の回答は，赤土流出問題をめぐって一般住民が漁協をどのように認知しているか，それに対する漁協関係者の予測を端的に示したものとなっている。すなわち，一般住民は漁協を，赤土流出問題をめぐっての事業者や行政との交渉者と認知している，と漁協関係者は見なしていた(回答 4-c)。漁協関係者は，そうした役割を住民から期待されていると推測する根拠として，これまでの交渉の実績を通じて漁協が住民から信頼を得たことを挙げる(回答 4-d)。さらに，こうした交渉を可能にする技術的な知識など，漁協が一定の専門性を持つことも，上記の漁協関係者の回答から示された(回答 4-e)。

この一方で行政職員は，漁協の発言が尊重される根拠として，漁協が漁業権を持つことを重視していた(回答 4-a, 4-b)。行政職員の視点から見た漁協は，沿岸に造成工事を入れる可否について法的な決定権を持つアクターだったのである。

村内における漁協の位置づけに関しては，漁協の経済的自立という点より，行政職員と漁協関係者から以下のような回答があった。

【村行政職員の回答例：漁協の位置づけについて】

「漁業振興会というのを作って，行政から漁協を支援してきた。しかし近年では，これさえ少なくなってきた。漁協が経済的にしっかり自立して，支援の必要すらなくなってきている」（回答5-a）

【漁協関係者の回答例：漁協の位置づけについて】

「30年前から20年くらい前までは漁協不要論もあって，専従職員も辞めてしまった。新聞へ投書までされたこともある。これに対抗するには，漁協が組合員を確保して，雇用の創出をしないといけない。漁業で食っていく人を増やさないとならなかった」（回答5-b）

「海ブドウは収穫などに人手がかかる。人手のかかる仕事を選んで，外から雇用している。これが今，30名ほど。どこかでパートなんかやるより，海ブドウの養殖を手伝った方が実入りもいい。雇用創出も漁協でやっている。将来は，組合員を120名，一人600万の年収を確保したい。そのためには海の生態系を豊かにしないと，あと20名が雇えない」（回答5-c）

「"これ以上儲けるな"が恩納漁協のモットー。恩納は以前に沿岸の漁業資源を枯渇寸前にしてしまって，現在の養殖漁業に切り替えた経緯がある。資源再生のためには儲けすぎはいけない」（回答5-d）

行政職員の回答（回答5-a）によれば，恩納村の漁協は行政に依存せず，経済的に自立した組織となっている。また漁協関係者の回答（回答5-b，5-c）からは，漁協が村内での雇用を生み出す営利組織となることを目指し，実際にそうした組織として機能していることがわかる。さらに現在の漁協が，漁業資源の持続的利用と，そのための沿岸海域の環境保全に主眼を置くことも示された（回答5-d）。恩納村の漁協は，行政に対しては経済的に依存しない営利組織として独立性を保っており，村内の住民に対してはイノーの持続的利用による雇用機会の提供を通じ，コモンズの保全とそこから得られる利益の配分を行う社会的装置の機能を果たしている。

以上の回答をまとめると，恩納村において赤土流出対策を決めるガバナンスの中では，漁協の正当性をめぐり，村行政・漁協・一般住民の3者間で，図2-6のような構造が描出できる。行政と住民はいずれも，協議会のコアメンバー

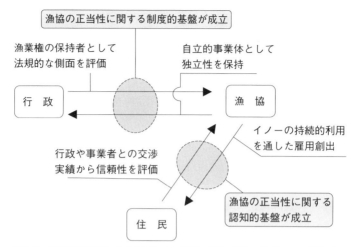

図2-6 赤土流出対策をめぐる漁協の正当性に対する行政・住民からの評価（野波・加藤，2010より筆者作成）

である漁協に，赤土流出対策の決定をはじめとするイノーの管理権を認めていると思われ，その点ではアクター間で合意が成立していた。しかし，漁協にこのような決定権を承認する根拠が，行政と一般住民ではそれぞれ異なっていた。まず行政は，漁協が法的な漁業権を持つことを重視し，漁協の正当性を評価する準拠枠は制度的な基盤であった。その一方，漁協は村内の住民に対して，赤土流出問題に関するこれまでの活動やイノーの持続的利用を通した雇用創出の実績から，一定の信頼を獲得していた。このような信頼性は，住民が漁協をイノーの管理者と承認する際に制度的な面から正当性を担保するものではないが，認知的な基盤とはなり得る。すなわち，漁協がイノーの管理を行う正当性は，行政と一般住民おのおのから，制度的ないし認知的な基盤という異質の準拠枠をもとに評価されていた。ある特定のアクターがコモンズの管理を行う正当性に対して，他のアクターがそれぞれ異質の基盤からそれを評価する事態となっていたのである。

　コモンズの共同管理の過程では，その管理権をどのアクターに承認するか，何を根拠にその権利を承認（あるいは否認）するのかという判断をめぐって，アクター間に不一致が生まれることがある。たとえばフィンランドの都市で，

環境政策を策定する権利が一般市民・行政職員・地方議員などの誰にあるのか，それぞれの正当性をインタビュー調査で調べた報告がある（Häikiö, 2007）。一般市民と行政職員は，「自分たちは専門的な知識を持っている」と自己の専門性を高く評価し，自らが政策を立案する正当性をそれによって根拠づけた。むろん，この専門性には法規上や政治上での根拠はなく，彼ら自身の主観的な評価にもとづく認知的基盤が，自己の正当性を評価するうえでの根拠であったことになる。これに対して地方議員は，一般市民の専門性を低く評価してその正当性を否認する一方，制度的な手続きである選挙で選出された代表性を根拠として，自らの正当性を主張した。一般市民と行政職員が自らの正当性を認知的基盤から根拠づけたのに対し，地方議員は制度的基盤にもとづく正当性を主張したのである。このように市民・行政職員・地方議員それぞれが依拠する正当性の基盤が異なるため，彼らの間では自他の正当性の評価にも不一致が生じていた。わが国でもこれと同様な事例として，新石垣空港の建設に伴い埋め立て対象となったイノーの管理権をめぐり，漁協・住民・行政の間で正当性の相互評価に不一致が生じた経緯が報告されている（熊本，1999）。

　これらの事例のように，各アクターがそれぞれの正当性を根拠づける基盤が一致しなければ，誰をコモンズの管理者として承認するかという正当性の評価にも，アクター間で不一致が生じやすくなるだろう。しかし恩納村の場合，漁協の正当性をめぐって行政と住民はそれぞれ依拠する基盤が異なっていたにもかかわらず，漁協をコモンズの管理者と承認することでは，両者の評価が一致していた。赤土流出を防止するうえで恩納村の協議会が効果的に機能していた要因は，アクター間でこうした合意が達成されていたことではないだろうか。「恩納村赤土流出防止対策協議会」そのものは法的にも政治的にも裏づけをもたないボランタリーな組織だが，組織のコアメンバーである漁協に対して行政と住民が正当性を付与したことで，協議会の要請や答申に法的ないし社会的な裏づけが与えられたと推測できる。

　新石垣空港建設の事例における漁協では沖合漁業を営む組合員がほとんどであったのに対して（熊本，1999），恩納村の漁協は沿岸海域での養殖・栽培漁業を主要な収益源としており，実際にイノーで漁業権を行使していた。つまり沿岸の埋め立てや造成工事などによって不利益を被りやすい立場にあったわけ

であり，そのため漁協がこれらの工事の是非へ関与することは，社会的に妥当な行為と承認されやすい。さらに，漁協が経済的に自立した営利組織であれば，その事業活動を支えるイノーに影響を及ぼす工事などに異議を提起したり，赤土流出防止のために行動したりすることは，法的にも妥当な行為とされるだろう。恩納村の漁協は，沿岸海域での漁業権行使と，それによる経済的自立を通して，結果として制度的基盤をもとにした正当性を行政に承認させる経緯を作ってきたと言える。さらに村内の住民に対しては，雇用の創出つまりイノーでの漁業から得られる利益の配分と，その利益の保証につながるイノーの保全を意図した活動を展開してきた。この経緯が住民に対して，漁協の活動は自己利益のみを目指すものではなく，村の住民全体の利益に資する活動であるとの認知を促したのではないだろうか。これが漁協への信頼を醸成し，住民の間で認知的基盤にもとづく正当性の評価を高めた，と見ることができる。

　第1章2節で紹介したように，資源配分の決定権を持つ優位集団の勢力が公正な過程を通じて与えられたものであるかという認知，すなわち集団の権利に対する公正や公平の価値にもとづく個々人の判断は，正当性を規定する認知的基盤の構成要素となり得る（Hornsey, Spears, Cremers, & Hogg, 2003）。またHäikiö（2007）も，正当性の規定因のひとつに，アクターが公益の促進を目指しているだろうとの推測，つまり公益性を挙げる。公正性や公平性あるいは公益性は，アクターの行動が誠実なものであるという評価につながり，信頼を醸成する基盤となる。誠実性にもとづく信頼（山岸，1998）は，正当性を根拠づける認知的基盤の重要な構成要素なのである（野波・加藤・中谷内，2008；Nonami & Willis, 2009）。

　ここまでの分析結果をまとめてみよう。恩納村における漁協の活動は，行政に対しては正当性の制度的基盤を獲得するように作用し，住民に対しては認知的基盤の獲得に向けて作用した。もちろん，行政や住民とのかかわりの中で漁協が意図的にこうした行動をとったわけではないだろう。しかし，あるアクターが自分の正当性を周囲のアクターに高く評価させるためには，すべてのアクターに同一の基盤を呈示するのではなく，制度的ないし認知的な基盤のいずれかを適宜使い分けて呈示する戦略的な行動が重要になるのではないだろうか。恩納村漁協の場合，この2つの基盤をもとに行政と住民からイノーの管理者と

しての正当性を獲得しており，これによって「正当な管理者は誰であるべきか」に関する村内の合意が形成されていた，と見ることができるだろう．

2-4　規則で権利を定める，その当たり前に潜む落とし穴

赤土流出防止策に関する宜野座村と恩納村，2つの地域での調査から，コモンズの管理をめぐる正当性とその規定因である制度的基盤・認知的基盤の構造が明らかになった．制度的基盤と認知的基盤は相互に独立した要因として正当性を規定しており，いずれの要因をどれだけ高く（あるいは低く）見なし，どちらがどれだけ正当性の評価に影響するかはアクターによって異なる．それに応じて，自他の正当性に対する評価も変化するのである．

制度的基盤と認知的基盤が独立した要因であるならば，この2つの間には何らかの相互作用も想定できる．たとえばFeather（2003, 2008）の正当性モデルでは，法律や規範などにもとづく自他の権利に関する判断である有資格性と，自他の行動と結果との結びつきに関する判断過程である相応性が区別され，決定を行う個人の有資格性と相応性が一致しない場面では人々に怒りや不満などの否定的な情動が発生する，と報告される．「制度や規定によって権利を認められた人が（有資格性は高い），その権利に値するような実績を実は何もあげていない（相応性は低い）」という事態を考えてみれば，あなたがこの人にどんな感情を抱くか，容易に想像できるだろう．制度的基盤と認知的基盤の不一致は人々の感情面にまで影響を及ぼすわけであり，このような現象は次章で紹介する事例――内モンゴル自治区における牧草地の管理権をめぐってアクター間に発生した正当性評価の不一致――でも見ることができる（第3章2節参照）．またWalker, Thomas, & Zelditch（1986）やWalker, Rogers, & Zelditch（1988）によれば，ある規範が多数者から受け入れられているだろうという集合的支持の予測が成立すると，その規範に対する人々の個人的な受容も向上する．これに沿って考えれば，あるアクターの正当性に対して集合的支持が予測されるとき，そのアクターへの人々の個人的な評価も向上する，とも予測できる．すなわち，自他の権利承認に際して制度的基盤への評価が向上すると，認知的基盤に対しても肯定的な評価が促進される．

ここでは，別の仮説を考えてみよう。制度的基盤が認知的基盤へ阻害的に干渉する，という可能性である。あるアクターが法規的・社会的な制度によって裏づけられた権利を持つ場合，人々には一律的に，そのアクターの正当性を誰もが高く見積もるだろう，と考える。つまり，人々の間に，当該アクターの権利を多数者が承認するに違いないとの主観的な合意が成り立つ。制度的基盤のひとつとして，当該アクターの権利が法律や条例といった明確な法規上の取り決めから根拠づけられるという人々の知識や予測を，法規性（legality）と呼称しよう。人々にとって，法規性に依拠した自他の正当性は，変動する可能性の低い構造化されたものと認知される。変えることができないと認知されるがゆえに，法規性以外の要因にもとづいて当該アクターの正当性の根拠を考慮する認知的処理は，阻害されやすくなるだろう。すなわち正当性の判断にあたっての制度的基盤は，人々が正当性の根拠について様々な情報を集め能動的に思考する精緻な認知的処理を妨げ，短絡的な認知的処理（周辺的情報処理）を促す周辺的手がかり（Petty & Cacioppo, 1986）のひとつとなり得る。たとえば前節で述べたように，あるアクターがコモンズの管理権を行使するうえで信頼できるかという信頼性（trustworthiness）は認知的基盤の重要な要素のひとつだが（野波ほか，2008；Nonami & Willis, 2009），法律によって正当性が根拠づけられたアクターに対し，その信頼性をあらためて熟慮しようとの傾向は，人々の間で低下することになるだろう。この場合，当該アクターの信頼性に対する人々の注視は阻害され，正当性の規定因として作用しにくくなると思われる。換言すれば，制度的基盤が正当性を規定する影響力には，もう一方の認知的基盤による正当性への影響を阻害する干渉効果があると予測できる。

　以下，この仮説を検証した野波・加藤（2012）の調査結果を紹介する（恩納村全域から無作為に抽出した対象者へアンケート調査票を郵送し，188名から有効回答）。恩納村での赤土流出対策に村内の行政職員・漁協組合員・一般住民が関与することは前節で説明した通りだが，さらに協議会（恩納村赤土流出防止対策協議会）のメンバーというアクターを加え，赤土流出対策の立案にかかわるこれらアクター4種の正当性および法規性・信頼性を検討した。

　まず図2-7は，行政職員・漁協組合員・一般住民・協議会メンバーそれぞれの正当性と法規性，および信頼性に対する評価である。赤土流出対策を立案す

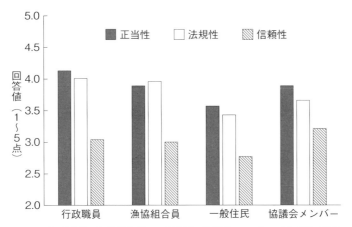

図2-7　行政職員・漁協組合員・一般住民・協議会メンバーの正当性・法規性・信頼性に対する評価（野波・加藤，2012より筆者作成）

る正当性を最も高く評価されたのは行政であり，一般住民がそれを行う正当性は，最も低く評価されていた。法規性については，行政職員と漁協組合員への評価が高く，一般住民の法規性に対する評価が最も低かった。行政と漁協に対しては，赤土流出対策を立案する彼らの権利が法律や条例によって根拠づけられるとの評価が高く，一般住民の権利に対する法律上の根拠は乏しいと見なされたことになる。信頼性では，一般住民への評価が最も低かった以外，行政職員と漁協組合員，および協議会メンバーの3者は，赤土流出の対策を立案するうえで，一貫して一般住民よりも高く信頼されていた。

　前節で述べたように恩納村の赤土流出問題には行政・漁協・協議会の3者が共同管理の形で取り組んでおり，その実践活動を反映してこれら3種のアクターはいずれも一般住民より法規性と信頼性が高く評価され，正当性も高く見積もられたと考えられる。宜野座村の事例では，赤土流出問題への関与が深い当事者が対策立案の主体として望まれる傾向があり，このため農業従事者・漁業従事者の正当性が高く見積もられる一方で，行政の正当性は低く評価された（図2-3，図2-4参照）。しかし恩納村では，漁協組合員のみならず行政職員と協議会メンバーも，法規性と信頼性が高く評価され，この2要因から影響を受けた正当性も高く見積もられていた。恩納村漁協には村内沿岸域での漁業権が

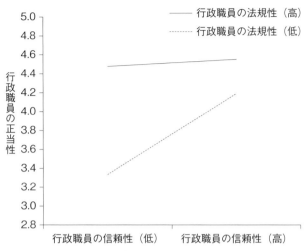
図 2-8　法規性の高低それぞれで見た行政職員の正当性に対する信頼性の影響（野波・加藤，2012 より筆者作成）

あり，赤土流出の対策立案に法規的な立場からも関与できるとともに，村内での雇用創出を通じて一般住民からの信頼も獲得している（前節参照）。漁協の法規性と信頼性，ならびにそれにもとづく正当性が高かったことは，こうした背景を反映したものであろう。

　行政職員・漁協組合員・一般住民・協議会メンバーそれぞれの正当性に対する法規性と信頼性の影響を分析したところ（法規性と信頼性を乗算した変数を含む重回帰分析），漁協組合員を除く3つのアクターの正当性には，法規性と信頼性による負の交互作用が確認された。つまり，正当性に対する法規性の影響が強いほど，逆に信頼性による正当性への影響は弱くなることがわかった。まず図 2-8 は，行政職員の正当性に対して信頼性が及ぼす影響を，法規性の高低ごとに分けて示したものである。行政職員の法規性を高く評価した群（図中の実線）では，信頼性の高低にかかわらずその正当性も一様に高く評価するが，法規性の低い群（図中の点線）では，信頼性の高低に応じて正当性の評価も大きく変化することがわかる。つまり，行政職員の正当性に対する信頼性の影響は，法規性が高い場合にはあまり現れず，法規性の低い群のみで顕著に影響が見られたのである。このことから，法規性の高い群では，正当性に対する信頼

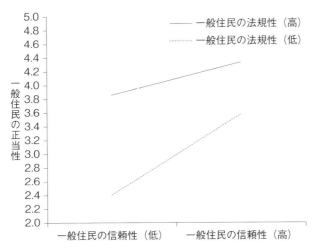

図 2-9　法規性の高低それぞれで見た一般住民の正当性に対する信頼性の影響（野波・加藤，2012 より筆者作成）

性の影響が弱まることが読み取れる。一般住民と協議会メンバーの正当性でも同じパターンが認められ，いずれも信頼性の影響は法規性の低い群のみで顕在化することが確認された（図 2-9, 図 2-10 参照）。

　これらの結果は，赤土流出の対策を立案する正当性について，行政職員・一般住民・協議会メンバーにその法規的な根拠（つまり制度的基盤）があると見なされた場合，彼らに対する信頼性が正当性の規定因として作用しにくくなることを示している。すなわち，正当性に対する制度的基盤の影響が，認知的基盤の影響に対して阻害的に干渉したわけで，当初の仮説は明確に支持された。

　正当性と，その規定因である法規性・信頼性との間には，正当性に対して信頼性が及ぼす影響力が法規性からの干渉によって変動する，と関係が成り立っていたわけである。そもそも正当性と信頼性はどうやって区別するのかと受け取られるかもしれないが，正当性が自己の利害を決定する権利を相手に認める承認（approval）であるのに対し，自己の利害にかかわる決定を相手に委ねる委任（confidence）が信頼性であり，両者は概念的に分離できる（野波ほか，2009）。この 2 つを区別したうえで，信頼性を正当性の規定因と位置づけ，両者の因果関係とそこに介在する法規性の影響を明らかにしたのが，本節で解説

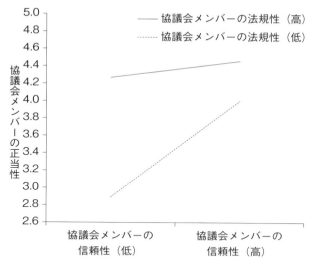

図2-10 法規性の高低それぞれで見た協議会メンバーの正当性に対する信頼性の影響（野波・加藤，2012 より筆者作成）

した調査結果であった。

　では，ここまでの分析結果から，次のような提起をしてみよう。多様なアクターが関与するコモンズ・ジレンマの解決には，コモンズに対する各アクターのアクセスに一定の制限を加える権利，すなわち管理権を，何らかの根拠から何者か（行政だったり当事者だったり，あるいは多数者だったり）に付与しなければならない。そして，管理権を何者にどのような根拠から承認するかの決定は，これを規定する法律や規範といった制度的基盤を整備することで，アクター相互の判断が収束し，合意形成が促進され，コモンズ・ジレンマの解決につながる。しかし，たとえばある特定アクターの管理権について，信頼性などの認知的基盤に関する情報が不十分であるにもかかわらず，制度的基盤のみに偏重してその正当性が根拠づけられる状況下では，「なぜそのアクターに権利を承認するのか，制度的に定められた根拠のみでよいのか，それ以外の根拠は考えられないのか」といった，制度的基盤以外の根拠に関する人々の熟慮や注視が低下しやすい。その結果，コモンズ・ジレンマそのものが一時的に解決されたとしても，長期的には別種の問題が発生する可能性も出てくる。たとえば人々の間に，正当性の判断にあたっての法律や制度に対する過度の依存や，逆

に制度への信頼低下，あるいはジレンマ事態そのものへの関心の低下などが生じるかもしれない。何者か——たとえば政治家や上司——が決定を行う権利が，彼らが能力や誠実さの点で信頼できるかどうかとは関係なく，法律や制度で定められているとなれば，彼らが決定を行うその過程や結果に対して個々人があれこれ考えようという動機は低下するだろうし，そうした決定の必要な問題そのものに注意を払う関心も低下してしまうだろう。

　こうした事態を防ぐ方法のひとつは，コモンズの管理権の所在とその根拠を定める制度的なシステムを，ときに個々のアクターの提起によって変動することも可能な柔軟なシステムとすることではないだろうか。制度的基盤が柔軟ならば，それにもとづく権利の正当性も変動可能なものと人々に認知され，信頼性などの認知的基盤にもとづいて自他の正当性を再考する動機も維持されるだろう。現在のわが国は，法制度の創設や改変を行う主要な担い手が専門家であった時代から，国民・市民からの支持が重視される時代に入り，たとえば原発の新設や再稼働，事故の際の賠償手続きや賠償基準などの制度も，国民の支持基盤が弱いことを問題として指摘する論もある（太田，2015）。

　社会的決定を行う自他の権利が法や制度で定められているとき，私たちはつい，そうした法や制度によって付与された権利が自明のもの，所与のものと思いこみ，またその権利を定めた法や制度そのものまで，自明のものと思いこんでしまいがちである。つまり法や制度を過信してしまいやすい。しかし当然のことだが，法や制度は常に完璧なものとは限らない。法や制度によって社会的決定の権利を付与されるアクター（個人，組織いずれでも）が，その権利を執行するにふさわしい能力や経験や実績，誠実さや道徳性を備えたアクターであることを，法や制度が常に保証しているわけではない。法や制度で定められた権利だからと過信して，権利を与えられたアクターの認知的基盤を検討することを忘れる落とし穴にひっかかってはならない。その意味で私たちは，社会的決定の権利を定めた法や制度を過度に信頼することなく，むしろそうした法や制度が適切に機能しているか，監視を怠ってはならないのである。

第3章
草原は誰のものか：内モンゴル自治区における牧草地の管理をめぐる正当性

　この章では，中国の内モンゴル自治区における草原（牧草地）の管理に焦点をあてる。周知のように社会主義体制をとる中国では，国内の土地は原則すべて国有とされ，私有の土地というものは認められていない。しかし，内モンゴル自治区に暮らすモンゴル族の人々には，時代とともに生活スタイルが変化しながら，現在も牧畜を主たる生業とする牧民が多く，牧草地は彼らにとって今も昔も最も大切な生活の糧である。その一方，現在の内モンゴル自治区では中国の経済発展に伴って急速に人口流入が進み，牧草地との接触を持たない都市住民が急増している。国有制度の下で土地の管理を進める行政，牧草地を生活の糧とする牧民，牧草地との接触を持たない都市住民。この3つのアクターの間で，牧草地の管理権をめぐって正当性はどのように評価されるのか，現地でのインタビュー調査をもとに報告する。

3-1　草原の果てなき頃から生態移民政策まで

　現在の中華人民共和国（中国）では56の民族が公認されており，そのうち圧倒的なマジョリティである漢族を除く55が，いわゆる少数民族とされる。2000年度の中国統計年鑑によると，漢族の人口およそ11億6,000万人に対し少数民族の総数は約1億1千万人で，中国の総人口に占める割合は8.7％である。これらの民族には，一定の区域内でその民族独自の文字や言語を使用する権利，警察や民兵を組織する権利，法令の制定権などが承認されている。こうした区域の単位のひとつが自治区であり（もう少し小規模な単位として自治州や自治県などがある），中国全土で内モンゴル自治区・広西チワン族自治区・

チベット自治区・新疆ウイグル自治区・寧夏回族自治区という5つが存在する。

内モンゴル自治区の総面積は約118万平方キロ（日本のおよそ3倍），このうち7割以上を草原地帯が占める。人口はおよそ2,400万人で，そのうちモンゴル族は約420万人である（17.5％）。中国全土でのモンゴル族の人口は約570万人とされるので，7割以上が内モンゴル自治区に居住していることになる。北方に隣接するモンゴル国におけるモンゴル族の人口およそ270万人よりも，はるかに多い。200万人以上の人口を擁する省都の呼和浩特市をはじめいくつかの都市が急速に発達する一方，過密化する都市部と人口密度が極端に低い草原地帯との間で，様々な格差も拡大しつつある。たとえば，教育における格差が挙げられる。草原地帯はあまりに広大なので（図3-1参照），そこに暮らす家庭の子弟が小中学校に通学するためには，都市部に移住しなければならない。全寮制の中学などはよいが小学校の場合，親元を離れて小学生だけが暮らすことはできないので，各家庭は都市部にアパートなどを借り，小学校に通う孫の世話のために祖父や祖母が同居し，両親は生計のため草原地帯で牧畜を営むといった生活を余儀なくされる。こうした生活費が草原地帯の家庭を圧迫する事態が生じる。また小学校では，公用語である漢語とともに，民族教育の視点からモンゴル語の教育が早くから開始される。それはよいのだが，高等学校などへの進学にあたっては，漢語による教育を行う学校しか選択肢がない地域も多い。モンゴル語だけで教育を受けた場合には，高等教育を受けることが事実上不可能となっている（哈申格日勤・小柳，2007）。学校教育ひとつをとっても，地域間格差とともに民族間の格差が発生しているのである。

内モンゴル自治区において牛・馬・羊・山羊などの牧畜を生業とする人々を牧民（herdsmen）と呼び，その数は50万人以上とされる。民族としてはモンゴル族のみならず漢族，その他の少数民族も含まれるが，いずれも食肉・乳製品・羊毛・カシミヤといった畜産物の生産と売買によって生計をたてる人々である。彼らにとって牧草地が生活の重要な糧であることは冒頭に述べたとおりだが，そもそも内モンゴル自治区における牧草地とは，誰がどのように管理し，利用してきたのだろうか。先述のように現在の中国では，国内の土地は原則ほぼすべて国有化され，内モンゴル自治区の牧草地も例外ではない。つまり政府が所有する国有財である。しかし一口に国有と言っても，現在の中国が樹立さ

れた1949年以降だけで，内モンゴル自治区の土地の管理形態には大きな変化が繰り返し生じている。

　井上（2001）は，海や川といった自然資源の所有と利用に関して，私的所有ないし国家によって公的に所有される資源であっても地元住民が共同的な利用と管理を行うならその資源はコモンズと定義できる，ただし行政機関が排他的管理を行う場合にはコモンズにならないと述べ，資源の所有よりも利用と管理の形態を重視したコモンズ論を展開した。この論では，地域社会のように一定の集団のメンバーにアクセス権が限定される資源はローカル・コモンズ，アクセスする権利が特定の集団に限定されないオープンな資源はグローバル・コモンズと定義される（井上，2001）。この定義にもとづく視点から，内モンゴル自治区における牧草地の管理形態の歴史的変遷を，現在の中国の成立以前と以後に分けて概観してみよう。

　内モンゴル自治区は1947年樹立の民族高度自治政府が前身であり，現在の中国が成立する1949年まで，この地域の牧草地はモンゴル族を中心とする牧民が共同管理していた。当時の牧畜は，夏季から冬季にわたって複数の牧草地の間で家畜を定期的に移動させる遊牧が主要形態であった。内モンゴル自治区の地域はもともと雨量の少ない乾燥した気候であり，植生があまり豊かではない。半砂漠の草地のみが果てしなく広がり，森林がほとんど見られないといった地域である（図3-1）。このように植生の回復性が乏しい土地での遊牧は，定期的に牧草地を休ませながら持続的に牧畜を行ううえで，非常に適したスタイルであったと言える。

　遊牧が行われていた時代には，家畜とともに牧民も家族ぐるみ，いくつかの牧草地の間で移住を繰り返した。ゲルと呼ばれる天幕型住居（慣れた牧民なら1時間もかけずあっという間に設営できる）の一式を積み，牛や羊の群れを率い，地平線に夕日差すはるかな大草原を進む馬上の人々——というモンゴル族のイメージは，この時代のものである。この時代，一部の領主や寺社などの領有をのぞいて，個人や集落単位で牧草地を区切る管理は行われず，家畜の過放牧を禁じる，馬の骨折を防ぐため牧草地に穴を掘らないといった規範の遵守を前提に，牧民による自律的かつ相互扶助的な共同管理が行われてきた。牧民はいくつかの家族が集まってホトアイルと呼ばれる小規模なコミュニティを形成

図3-1　内モンゴル自治区における牧草地の例（2015年筆者撮影）
集落の共有地（ジョスランと呼ばれる）で夏季に牛や羊を放牧する。この間，牧民は家畜の管理のためにジョスランの中へ一時的に移住し，写真奥のように伝統的な天幕型住居（ゲル）を設営して暮らす例もある。冬季は，細分化され個人に利用権が認められた土地の草を刈った干し草で家畜を養う。草が足りない場合には他所から買うが，ジョスランで過放牧を行う牧民もあり，集落内で問題視される（フリーライダー問題）。ちなみにゲルの中は生活必需品がひととおりそろい，炉がきられ，常食のひとつであるティ（塩とたっぷりのバターをとかした紅茶。乾燥した気候下で欠乏しやすい水分とミネラルをすみやかに補給できる）がふるまわれ，かなり快適である。

し，異なるホトアイルの牧民同士が同じ牧草地を共同利用することも多かった。たとえば，冬は別々の場所で暮らすいくつかのホトアイルが，夏になると同じ牧草地でゲルを張り，ときにはそうしたホトアイルの間で若者同士に草原の恋が芽生える，などもあったようである（もちろん，争いもあっただろう）。すなわち，この時代における内モンゴル自治区の牧草地は，当時の自然環境条件に即し，アクセス権が特定の集団に限定されないグローバル・コモンズとして成立していたと言える。

　現在の中国が成立して以後，国内の土地は原則的に政府の所有とされ，個人には土地の利用権のみが付与されることになった。1958年頃から始まる人民

公社と計画生産の時代である．これは，国や自治体などの行政機関が資源を所有する，公的所有と定義される制度（井上，2001）のひとつと見ることができる．しかし，やがて'80年代初頭には人民公社の解体が進み，中国の農漁村は個人の責任生産と生産物の私的所有が認められた，いわゆる改革・開放の時代に入る．市場経済の導入である．もっとも，私的所有が認められたのは生産物だけで，生産手段のひとつである土地そのものは公的所有のまま変わらない．内モンゴル自治区でも1981年頃から以降，生産物である家畜の私有化と畜産物の自由な売買が認められ，牧草地そのものも公的所有は変わらないながら，利用権の単位が集落から家族，さらに個人へと細分化されていく．境目などなかった牧草地に杭が打たれ鉄線が張られ，誰がどの土地の利用権――繰り返すが，所有権ではない――を持つかが明文化され，区切られた土地の中で牧民の定住化が進み，遊牧の時代が終わる．土地細分化政策と呼ばれる制度だが，牧草地の管理主体をこのように細分化する動きは，共同管理・共同利用を前提とするコモンズが徐々に解体される過程であったとも言えるだろう．

ただし内モンゴル自治区における牧畜地域の草原は，中国の現在の法規上，それが牧草地として利用される限り，集落ごとの共同管理組織（村委員会と呼ばれる）に所有権と利用権が設定される．前述の小規模なコミュニティ（ホトアイル）がいくつか集まった集落をガチャーと呼び（行政区分としては日本の「村」に相当し，内モンゴル自治区において行政機能を持つ最小単位），土地細分化政策の導入後も，実際に牧草地を個人単位で管理することは困難であったから，実質的にはホトアイル単位，もしくはガチャー単位での共同管理が多かった．このように地域社会など特定集団のメンバーが資源を共同で利用・管理する制度は，共的所有制度と定義される（井上，2001）．すなわち内モンゴル自治区の牧草地は，現在の中国の成立後，ホトアイルないしガチャーに所属する牧民の共的所有と共同管理に委ねられたローカル・コモンズへと徐々に変貌してきたのである．

地域社会のような小規模な集団内では，人々が資源にアクセスする行動を相互に観察しやすい．その中でコモンズの共同的な利用・管理を行うためには，地域社会内の人々の合議にもとづき，個人の資源アクセスに一定の制限を加える共同管理制度の構築が重要になる（Ostrom, 1990）．実際に内モンゴル自治

図 3-2 生態移民政策を受け入れ，牧民が都市部に移住した集落の跡地（シャンド鎮郊外，2014 年筆者撮影）
生態移民政策の受け入れにあたっては，牧民が都市部へ移住した後に元の集落へ戻ることがないよう，元の住居の屋根を壊すことが条件とされている。

区における牧民の集落では，牧草地を適正管理するための伝統的な知識や技術が社会的資源として蓄積され，土地細分化政策の後もこれらの知識や技術を習得した人々（いわば"ベテラン牧民"）による共同的な管理がなされていた（蘇米雅，2012）。

ところで，コモンズを適正管理するため個々人の行動に一定の統制を加える手段としては，Ostrom（1990）が述べる共同管理のほか，外部的で強権的な政府による集権的管理が提起される（Hardin, 1978）。内モンゴル自治区の牧草地に対する集権的管理の例として，2000 年から実施された生態移民政策が挙げられる（小長谷・シンジルト・中尾，2005）。この政策は，牧草地の砂漠化防止と牧民の救貧対策を主目的として，砂漠化の原因が牧民による家畜の過放牧であるとの前提のもと，行政主導で放牧を制限し，あるいは牧民に牧畜そのものを廃業させる禁牧を実施したうえで，都市部へ移住・定住させる政策である（図 3-2）。2002 年に「退耕還林」を目的とした中国国務院令の公布，2003

年に「退牧還草」が追加された後，現在も内モンゴル自治区で継続中である（那木拉，2009；蘇米雅，2010）。

　しかし実際のところ，生態移民政策の下では行政が牧民に対して都市部での住居や家財一そろいを用意するが，職の確保までは面倒を見ない。都市部で条件の良い職業を得ることは牧民にとってなかなか難しく，物価の高い都市部での生活には困難を強いられる。それならば草原地帯で牧畜を続けたほうがよほど生活は安定すると見る牧民も多い。牧民は牧草地で牧畜を営む限り，衣食住のかなりの部分を自給自足でき，そのため可処分所得も増えるのだが，都市ではすべてが消費生活となるわけだから，生計が苦しくなるのは当然なのである。こうした考えから生態移民政策の受け入れを拒絶し，牧畜と牧草地の維持を決定するガチャーも多いが，2015年頃より以降は牧民一人あたり牛何頭までといったように家畜の頭数を制限する政策が自治政府によって実施されるなど，牧民の牧畜経営に行政が介入する傾向が強まっている。前述のように，牧民による牧草地の共同管理は細分化政策の下でもなお維持されていたが，これに対する生態移民政策や家畜数の制限などは，牧草地に及ぼされる行政の管理が――人民公社の時代のように――再び強化されていく再集権化の例と見ることができる。内モンゴル自治区における牧草地の管理制度は，生態移民政策が導入された2000年以降，Ostromの主張する地域社会ごとの共同管理から，Hardinの主張する行政主導の集権的管理へ移行しつつあると結論できるだろう。

　図3-3は，以上のように中華人民共和国の成立以前と以後，内モンゴル自治区における細分化政策の導入，行政による再集権化の強化などのステージを経て歴史的に推移してきた牧草地の管理形態を，概略的に示したものである。

3-2　草原の守り人は誰であるべきか

　前章までに述べたように，コモンズを適正管理するための制度を円滑に決定したり運用したりするうえでは，管理する権利が誰にあり，またその権利の根拠は何かといった正当性の評価を，コモンズにかかわる多様なアクターの間で一致させる必要がある。このとき，コモンズの管理権をめぐってアクター間に構築される正当性の相互評価構造（図1-2参照）を記述することは，重要な基

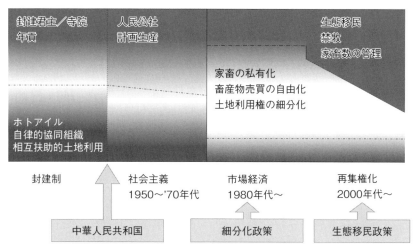

図3-3 内モンゴル自治区における牧草地の管理制度の歴史的推移（坂本・野波・蘇米雅・哈斯額尓敦・大友・田代, 2013より筆者作成）

礎的研究となる。

　前章では，沖縄県で赤土流出対策の決定権をめぐり，漁業協同組合（漁協）関係者・行政職員・一般住民というアクター3種の間での正当性の相互評価構造を描出した（第2章3節，図2-6参照）。この例にならい，本節では内モンゴル自治区における牧草地の管理権を焦点として，そこにかかわるアクター間での正当性の相互評価構造を描き出してみよう。

　内モンゴル自治区で牧草地の管理に関与するアクターとしては，牧草地を生活の場とする牧民が第一に挙げられる。第二に，生態移民政策や家畜数の制限という形で行政による集権的管理が進む現在，自治区内における旗行政（「旗」とは内モンゴル自治区における行政区分の単位で，人口や面積などの規模から見て日本の「郡」に相当）の職員も重要なアクターとなる。第三のアクターは，自治区内の都市住民である。生態移民政策の主要な目的の一つは牧草地の砂漠化防止だが，内モンゴル自治区における砂漠化は，都市部で黄砂を深刻化させる原因と見なされている。したがって自治区内の都市住民も，牧草地の管理のあり方から影響を受けるアクターと設定できる。

　野波・蘇米雅・哈斯額尓敦・坂本（2013）は，正当性の制度的基盤と認知的

基盤に着目し，これら3種のアクターが牧草地の管理権をめぐる相互の正当性をどのような基盤から判断するか，その判断は3者の間で一致するかについて，半構造化面接法によるインタビュー調査を実施した。インタビューを実施した地点は内モンゴル自治区の省都フフホト市，および錫林郭勒盟（「盟」は，先述の「旗」と同じく内モンゴル自治区における行政区分単位で，規模としては日本の「県」に相当）の正藍旗上都鎮（「鎮」は日本の「町」に相当）で，調査対象者のカテゴリーおよび人数と性別は，以下の通りである。なおショロン・フフ旗は現在も牧畜を主要産業とする地域だが，居住人口の民族比では漢族が6割以上とされる。したがってインタビューの際には，牧民・行政職員・都市住民ともに対象者がモンゴル族と漢族のいずれかに偏ることのないよう，対比バランスをとって抽出した。

対象者カテゴリー1：牧民
生態移民政策によってショロン・フフ旗の都市部（シャンド鎮）へ移住したA村（ガチャー）の住民8名（男性7名，女性1名）。このカテゴリーの対象者はすべて，乳牛を中心とした牧畜を主な収入源とする。

対象者カテゴリー2：行政職員
ショロン・フフ旗の行政職員5名（男性3名，女性2名）。このカテゴリーの対象者には，牧畜およびその他農業を職業とする者は含まれなかった。

対象者カテゴリー3：都市住民
フフホト市在住の住民12名（男性10名，女性2名）。行政職員と同様，このカテゴリーの対象者にも，牧畜や農業を職業とする者は含まれない。

まず，牧草地の管理と上記のアクター3種それぞれとのかかわりを検討するため，「牧草地の砂漠化はどのような点から脅威と感じられるか，牧草地の砂漠化が進むとあなたにとって困ることは何か」という項目によって，砂漠化への評価を尋ねた。先述のように，砂漠化は都市部に黄砂を発生させる原因と目されており，都市住民には牧草地への関心を促す要因になり得る。他方，牧民と行政職員は，砂漠化について異なった評価を下している可能性もある。これに関する回答は，以下のようなものであった。

【牧民の回答例：砂漠化への評価について】

「砂漠化自体はそれほど問題ではないと思います。いつ頃からこんなに問題とされたのか，記憶がありませんね。本当に砂漠化が進むと草がなくなり，家畜の餌がなくなる。そして牧民の生活が成り立たなくなる」（68歳男性，モンゴル族）（回答 A1）

「私が子供の頃も砂漠があった。でもその時は，現在のように問題にはされなかったようです。……なぜ，今になって問題になるのかと」（57歳男性，モンゴル族）（回答 A2）

「私は砂漠の中で生まれ育った人間ですから，脅威感は持っていません。生活さえできれば砂漠でもよかった」（47歳女性，モンゴル族）（回答 A3）

「誰も脅威を感じていなかったと思います。移民するまで，誰の口からもそんなことは聞いていませんでした」（58歳男性，漢族）（回答 A4）

「砂漠は急にできてしまったわけではなく，昔の時点ですでにあった。それをなんとかして生きてきた。地球なんか，私たちに言える範囲ではない。自分たちの生活環境で必死です」（43歳男性，漢族）（回答 A5）

【行政職員の回答例：砂漠化への評価について】

「私は一人の行政職員として，草原の砂漠化問題を非常に脅威に感じます。牧民をその問題から救い出すのは，職員としての使命だと思います。地球環境保護にも，人間一人ひとりの責務があるからです」（36歳女性，モンゴル族）（回答 A6）

「砂嵐を止めないと行政職員として失格でしょう」（53歳男性，モンゴル族）（回答 A7）

「私が脅威を感じる，人類の存続の問題です。地球は一つだけですから，これを壊してしまうと人類が生きていけないと思います」（48歳男性，漢族）（回答 A8）

【都市住民の回答例：砂漠化への評価について】

「直接的には砂嵐，環境の悪化，地球温暖化です」（30歳男性，モンゴル族）（回答 A9）

「砂嵐をなくし，全国人民の生活安全を守ること。また，地球環境にも大きな影響を及ばしているので，人類の存続に脅威感をもっている」（43

歳男性，漢族）（回答 A10）

「砂嵐で，小さくいえば日常生活に影響が出ている。大きく言えば，地球環境に大きな影響を与えている」（58 歳男性，漢族）（回答 A11）

「春になると毎日マスクをしないと町に出られない。止めないと生活が困ります」（33 歳女性，漢族）（回答 A12）

　牧民は，A1〜A5 の回答に見られるように，砂漠化は特別な環境問題ではなく，昔から恒常的に発生している自然現象と受け止め，特に危険視する傾向はみられなかった。むしろ A3・A5 など，歴史的に砂漠化への対応そのものを牧民が日常生活の一部に取り入れていたことを推測できる回答も見られた。さらに A1・A2 など，現在になって砂漠化が突然問題視され始めたことに疑念を呈する回答もあった。内モンゴル自治区では，市場経済の導入以降に漢族の流入が加速化し，既述のように調査対象地のショロン・フフ旗でも漢族がマジョリティとなっている。都市化とともに民族構成や人口動態，産業構造などが著しく変化したことが，歴史的に見れば過去からあまり変化のない砂漠化の現象を，社会的な問題として焦点化させた可能性がある。つまり，砂漠化が近年になって急に激化したわけではなく，内モンゴル自治区において牧草地を見る人々の層と視点が変化したのではないだろうか。

　行政職員と都市住民は，行政職員における A6・A8，都市住民における A9・A10 などの回答に見るように，砂漠化を地球環境問題の一環ととらえる視点から，そのリスクを重大視していた。都市住民の一部には日常生活上での具体的な支障を挙げる回答も見られたが（回答 A12），行政職員と都市住民の回答の多くは，自身の日常生活より地球環境への負荷に重点を置いて砂漠化のリスクを評価するものであった。A9・A11 のように，砂漠化による自身の日常生活への影響に触れた回答もあったが，あくまで地球環境問題と並行して挙げられており，都市住民にとって砂漠化が日常生活に及ぼす影響は限定的にとらえられている可能性が高い。都市住民は他のアクター2種に比べて，砂漠化への関与・関心いずれも低いと考えられる。都市住民は，当初に想定されたような黄砂によって日常生活に影響を受けるアクターではなく，砂漠化をひとつの焦点とする牧草地の管理に対して"深い関与はないが，さりとて無関係ではない

人々"（大沼・中谷内，2003），すなわち無関係ではないが相対的に関与や関心が低い非当事者と位置づけられる。このほか行政職員には，回答A6・A7に見られるように，職業上からの砂漠化との関与が示されており，砂漠化と彼らとのかかわりは生活上のものというより，職務上でのかかわりであると結論できる。

次に，牧草地に対する行政の集権的管理政策のひとつとも言える生態移民政策への評価だが，これについては次の2つの側面から検討を加えた。第一は，生態移民政策の導入を契機とした牧草地の変化である。第二は，生態移民政策が牧民・行政職員・都市住民それぞれの日常生活に及ぼした影響である。

まず，生態移民政策が牧草地にもたらした変化に関する評価を，以下に紹介しよう。これらは，「生態移民政策の前後で牧草地はどのように変化したか」という質問項目への自由回答として，収集された。これに関しても，先述の砂漠化に関する評価と同様，牧民と行政職員・都市住民との間で大きな違いが見出された。

【牧民の回答例：生態移民政策による牧草地の変容に関する評価】

「草は良くなった。しかし，量的には良くなったが，質的に下がりました。今の草は，家畜が食べてくれない。そういう草になってしまった」（57歳男性，モンゴル族）（回答B1）

「牧草地は良くなった。……"良くなった"というのは草だけの話ですよ。逆に私たちを見て下さい。明日がどうなるか分からない」（47歳女性，モンゴル族）（回答B2）

「牧草地は移民後に本当に良くなった。しかし，私の何十年の羊飼い経験から見ると，現在は羊の食べる草がなくなってしまったと思います。人の足，家畜の足，それが全部止められたのですから，草が生えるのはあたりまえですね」（58歳男性，漢族）（回答B3）

「牧草の草は良くなった。しかし，使用する価値は低くなった。草の質が変わった。家畜が食べなくなったのです」（36歳男性，漢族）（回答B4）

【行政職員の回答例：生態移民政策による牧草地の変容に関する評価】

「生態移民政策の実施は，草原の生態環境に対する人や家畜の圧力を減

軽し，砂嵐が少なくなった」(36歳女性，モンゴル族)(回答 B5)

「生態環境が良くなったではないか。これは，生態移民政策の成果です。生態環境がよくなれば草もよくなる」(40歳女性，漢族)(回答 B6)

「大きく変化した。草が増えて，砂嵐も少なくなっている」(48歳男性，漢族)(回答 B7)

【都市住民の回答例：生態移民政策による牧草地の変容に関する評価】

「直接牧民に聞いたことはありませんが，テレビや新聞などで，生態移民政策によって草原の砂漠化が大分抑制されたと聞いている」(30歳男性，モンゴル族)(回答 B8)

「砂漠が少なくなっているとテレビで見ました」(29歳男性，モンゴル族)(回答 B9)

「草原に緑が戻ったとテレビでよく見ています」(46歳男性，漢族)(回答 B10)

「自然環境が良くなったと思います。ただ，牧民の生活がどうなっているかについては聞いたことがないので分かりません」(58歳男性，漢族)(回答 B11)

牧民は，「草は良くなった」など，植生回復の点では一様に生態移民政策を肯定的に評価する。しかし同じく一様に，「今の草は，家畜が食べてくれない」など，牧草地の利用価値という点からは否定的な評価を行った（回答 B1〜B4）。

これに対して行政職員は，「草が増えて，砂嵐も少なくなっている」など，一様に砂漠化防止のみを重視した視点から，生態移民政策を肯定的に評価した（回答 B5〜B7）。牧民と異なり，牧草地としての利用価値を考えて生態移民政策を評価する視点は，行政職員の回答にはまったく見られなかった。さらに都市住民も，行政職員と同様，一様に環境保全の達成を根拠として生態移民政策を肯定的に評価した（回答 B8〜B11）。B8・B9・B10のように，都市住民による価には報道を通じた伝聞的な情報にもとづく回答も多かった。

生態移民政策に関して，牧民は植生回復と牧畜という2つの価値から肯定的および否定的な面にわたり両義的に評価したが，その一方で行政職員と都市住

民は環境保全のみを重視し，生態移民政策を肯定的な面でのみ評価する傾向が明らかになった。

次に，生態移民政策が各自の日常生活に及ぼした影響と，それに対する牧民・行政職員・都市住民の間での相互評価について，「生態移民政策による自身の生活への影響は何か，この政策について牧民・行政職員・都市住民はそれぞれどのように評価していると思うか」という質問項目で尋ねた。得られた回答は，以下のようなものであった。

【牧民の回答例：日常生活への影響と他者からの評価の予測】

「率直に言うと，私たちの土地が奪われたといっても過言ではありません。こうした成果に行政職員は喜ぶことでしょう。彼らが一生懸命に推進していることなのだから。都市住民も，私たちがレンガで造った家に住むのを見て，生活が良くなったとか牧民が生態移民で得したとか言うでしょうね」（68歳男性，モンゴル族）（回答C1）

「……行政職員は成果を喜び，牧民はその成果に苦しむ，都市住民は私たちが行政から恵まれた優待をもらったと思っていることでしょう」（47歳女性，モンゴル族）（回答C2）

「この政策は，正しくありません。環境だけを考えて牧民の将来をないがしろにしている。行政職員は満足しているだろうね。……都市住民も高く評価しているのではないでしょうか。草が生えて砂嵐がなくなった，と」（27歳男性，漢族）（回答C3）

「村民はみんな，最初からこの政策に反対でした。……行政職員と都市住民は満足しているでしょうね。……整然とした住宅地，テレビ，冷蔵庫，かつての地域では使うこともなかった家電製品を持つことになった，と」（39歳男性，漢族）（回答C4）

【行政職員の回答例：日常生活への影響と他者からの評価の予測】

「生態移民政策は，牧民の生活の現状を変えるただ一つの方法です。これに対して牧民の大部分は納得しているが，少数の牧民がまだ理解できていないようです。……地方行政も大きな力をいれているし，環境保全もちゃんとできたし，この点で高く評価できる。……都市住民にとっては直接の

関係はない。しかし，生態環境が良くなった点で，都市住民も高く評価しているでしょう」(36歳女性，モンゴル族)(回答C5)

「牧民にとっては，環境も生活の質も向上しているのだから，高く評価しているだろうと思います。地方行政は人やお金をいれて環境保全に全力をあげている。都市住民の生活には直接関係がないため，関心はそんなに高くないと思います」(40歳女性，漢族)(回答C6)

「牧民も都市住民も行政も，生態移民政策を高く評価していると思います。生態移民政策は，確かに草原生態環境の回復に役立っている」(48歳男性，漢族)(回答C7)

【都市住民の回答例：日常生活への影響と他者からの評価の予測】

「牧民にとっては生存にかかわる問題ですから，関心が高いでしょう。地方職員には生態移民政策をいかに実施するかが彼らの仕事になりますから，高い関心を持っているはずです。しかし，都市の市民にはそこまでのかかわりがないため，まったく関心がないとも言えるのではないでしょうか」(50歳男性，モンゴル族)(回答C8)

「牧民は生活のスタイルが変わっているから一番関心が高く，次には行政職員で，環境保護が成績や業績になって，昇進にもつながるから。都市住民には関係ないと思います」(29歳男性，モンゴル族)(回答C9)

「牧民が一番関心を持っていると思います。彼らの生活環境を良くしているから。地方行政職員はこの地域の牧民の生活の質を向上させるために努力していると思いますから，彼らも高い関心を持っていると思います。……フフホトの市民にとってはあまりにも遠いですから，直接的な関係が生じない」(38歳男性，漢族)(回答C10)

「正直なところ，何も分かりません」(33歳女性，漢族)(回答C11)

「土地が奪われた」(回答C1)，「環境だけを考えて牧民の将来をないがしろ」(回答C3)，「最初からこの政策に反対」(回答C4)など，牧民は一貫して，生態移民政策を否定的にとらえていた(回答C1〜C4)。その一方で牧民は，C1・C2・C4の回答に見られるように，「レンガで造った家」「家電製品」といった自分たちの生活に生じた変容について，行政職員と都市住民がその変容のみを

見て生態移民政策を肯定的に評価するだろうと予測していた。また C3 のように，行政職員と都市住民は環境保全の側面のみで生態移民政策を肯定的にとらえるだろうが，その一方で牧民の生活は見ていないだろうとの予測がうかがえる回答も見られた。

　行政職員は，回答 C5・C7 など，環境保全の達成という点から，生態移民政策を肯定的に評価した。また C6 のように，牧民もこの政策を肯定的に受容するだろう，との予測を行っていた。都市住民に対しては，C6 のように関心の低下を予測する一方で，C5・C7 のように環境保全の達成から政策を肯定的に評価しているだろうと予測する回答も見られた。

　都市住民は，C9〜C11 の回答に見られるように，牧民・行政職員と比較して，生態移民政策による生活上での影響や関心が低かった。また C10 などのように，彼らは牧民に対し，生活の改善がもたらされた点で政策に高い関心をよせているだろうとの予測を行っていた。さらに行政職員に対しては，C8・C9 のように，職業上の関連から生態移民政策に関心を持っているだろうと予測する回答が見られた。

　全体として，生態移民政策を否定的に評価する牧民の実態を行政職員と都市住民が理解していない点と，実際には政策への関心が低い都市住民に対して，牧民と行政職員からは彼らが肯定的な政策評価を行うだろうとの予測がなされた点に，政策評価に関するアクター間での不一致が見られた。

　最後に，牧草地の管理を行う権利は牧民・行政職員・都市住民のいずれにあるのか，その根拠は何かについて，「牧民・行政職員・都市住民には，牧草の保全を目的として，牧草地への立ち入り禁止や放牧制限を行う権利があるか」，「その権利がある，ないと判断されるとき，その根拠は何か」という質問項目への自由回答を求めた。3 種のアクターそれぞれから得られた回答は，以下のようなものである。

【牧民の回答例：牧草地の管理権とその根拠に関する評価】
　「……この地域の草原は私たちのものであるはずです。私が知っているのは，この土地は親から受けついたもので，決して国や行政からもらったものではない，ということ。管理する権利は，もちろん私たちしかないで

しょう。……行政にそうした資格はないですよ。私が言っている資格とは，権力とは別のものです。彼らに牧草地をどうやって管理すればいいのかが分かるというのでしょうか」(68歳男性，モンゴル族)(回答D1)

「もちろん牧民にある。今まで私たちが代々この土地を守ってきたのだから。他の者には資格もないし，権利もないはずです」(36歳男性，モンゴル族)(回答D2)

「管理する権利は，もちろん私たちにあるはず。この土地を私たちがずっと管理していたからです。行政にも都市の市民にも，その管理権はないですよ。権利があるとしても管理の方法を知らないので，結局は管理できないと思います」(58歳男性，漢族)(回答D3)

「もちろん牧民にあると思います。いままで使っていたからです。地方政府にそんな権利はありません。都市住民にもないと思います」(43歳男性，漢族)(回答D4)

【行政職員の回答例：牧草地の管理権とその根拠に関する評価】

「牧草地の管理義務は牧民にもあります。彼らの生活の場ですから，それをうまく管理し，利用するべきです。ただし，法的にはっきりしていない，明確に定めるべき。政府には牧民を指導する権利があるので，放牧地を直接管理する権利もある。都市住民には直接的な関係がないので，その権利は生じない」(36歳女性，モンゴル族)(回答D5)

「率直にいえば，この草原は牧民のものです。しかし，現在は行政が管理主体になっている。都市住民には直接管理する権利はないけれど，意思決定に参加する必要はあると思います」(42歳男性，モンゴル族)(回答D6)

「管理するのは政府が主体になるはず。政府の指導の下で環境の管理を行うべきです」(40歳女性，漢族)(回答D7)

「牧草地の管理権は都市住民や牧民ではなく，行政にあると思います。今回の生態移民政策は政府が中心となって実施しているから，政策を一貫させて進めるべきです」(48歳男性，漢族)(回答D8)

【都市住民の回答例：牧草地の管理権とその根拠に関する評価】

「牧民に所有権と利用権があるので，その権利もあると思います。行政

はそれをサポートするべきです。都市の市民は彼らと別の生活パターンを取っているから，かかわりはありません」（50歳男性，モンゴル族）（回答D9）

「牧民に法的権利，法的主体性を確立しなかったことが，今日の最悪な状況を招いたのだと思います。他人にはまったく関係ないように思われますが，民主国家であれば私たち都市の人間も意見を述べることができるかもしれません」（65歳男性，モンゴル族）（回答D10）

「そうした権利は地方行政にあると思います。法律を実施することができるから。牧民や都市住民には，そういった権利はありません」（38歳男性，漢族）（回答D11）

「政治的権利でいえば，所有者の行政に権利がある。牧民はただの利用者ですから。都市の市民は利用者・所有者どっちでもないから，手を出す権利はないでしょう」（46歳男性，漢族）（回答D12）

「牧民には法的な利用権があるから，管理する権利もあるはず。牧民以外には誰も草原を管理できないと思います」（56歳男性，漢族）（回答D13）

「牧民には草原の利用権が法律的に認められているから，もちろん権利がありますが，現状の回復では行政が中心となって，牧民が協力して行った方がいいと思います。法的・政治的に言えば都市の市民には関与する権限がないため，参加しないと思います」（58歳男性，漢族）（回答D14）

まず牧民は，回答D2～D4のように，行政より以前から自分たちが牧草地の管理に携わってきた歴史的な経緯をもとにして，自らの正当性を高く見積もっていた。しかし，伝統的に牧草地を管理してきたという歴史的経緯や伝統は，現在の中国における法規的あるいは政治的，社会的な制度から牧民の正当性を根拠づける制度的基盤とはなり得ず，認知的基盤のひとつと見るべきであろう。現在の中国には，1960～70年代の文化大革命がそれ以前の伝統的な規範や文化を積極的に否定した経緯があることも考慮する必要がある。当時，文化大革命の余波は内モンゴル自治区にも大きく及んでいるのである（楊，2009）。さらに牧民は，D1とD3の回答に見るように，牧草地の管理に必要な知識や技術，つまり専門性の不足を根拠として，行政職員と都市住民の正当性を低く

判断した。しかし専門性も，自他の正当性を判断するうえでの制度的基盤にはなりにくく，認知的基盤と見なされる。よって牧民は，行政職員と都市住民の正当性を，認知的基盤にもとづいて低く判断したと言える。

これに対して行政職員は，D5・D8のように，政治的な強制力すなわち制度的基盤から自己の正当性を高く見積もっていた。一方で牧民と都市住民の正当性に関しては，「管理権は都市住民や牧民にあるのではなく，行政にある」（D8）と否定的に評価した。牧民の正当性には「法的にはっきりしていない」（D5）と法規上の未整備が挙げられ，このことから行政職員は，制度的基盤をもとに牧民の正当性を低く見なしたと言えるだろう。また彼らが都市住民の正当性を低いと判断する根拠としては，「都市住民には直接的な関係がない」（D5）と，当事者性が低いことを指摘する回答が見られた。当事者性は，先述の専門性と同様，制度的な裏づけを持つ基盤にはなりにくいだろう。したがって行政職員は，認知的基盤にもとづいて，都市住民の正当性を低く評価したと結論できる。

都市住民は，D12・D14の回答に見られるように法規的・政治的な権限の欠如，すなわち制度的基盤をもとに，自らの正当性が低いと判断していた。次に牧民に対しては，D9・D13などのように，法規的・政治的な権限の保持を根拠として，その正当性を高く見なす回答が見られた。また行政職員に対しても，D11・D12のように，やはり法規的・政治的な権限の保持に依拠してその正当性を高く見積もる回答が見出された。D11・D12・D13を比較すると，制度的基盤から牧民と行政職員どちらか一方の正当性を高く見積もる場合には残る一方の正当性を低く見なす回答が見られ，牧民と行政職員いずれの正当性を高く判断するかによって，都市住民による評価は二分化する傾向があった。都市住民による，自分たち自身および牧民と行政職員の正当性に関する判断の根拠は，総じて制度的基盤に偏重する傾向があった。

以上をまとめると，牧草地の管理権をめぐる牧民・行政職員・都市住民の間での正当性の相互評価構造を，図3-4のように示すことができる。アクター3種間での正当性の判断過程には，相互に一致する部分と不一致の部分が見出された。

一致した部分は，都市住民の正当性に対する評価である。牧民と行政職員は

68　第 3 章　草原は誰のものか：内モンゴル自治区における牧草地の管理をめぐる正当性

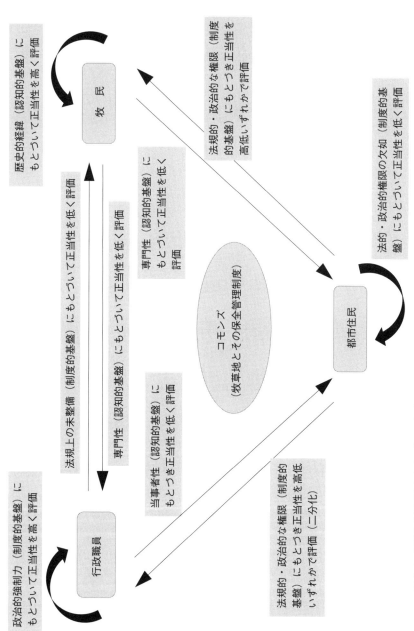

図 3-4　牧草地の管理権をめぐる牧民・行政職員・都市住民の間での正当性の相互評価構造（野波ほか、2013 より筆者作成）

それぞれ，専門性ないし当事者性という認知的基盤に依拠して彼らの正当性を低く評価した。さらに都市住民自身も，制度的基盤にもとづいて自らの正当性を低く判断した。それぞれ依拠する基盤は異なるが，牧民・行政職員・都市住民いずれも都市住民が牧草地を管理する正当性は低いと判断しており，この点ではアクター間で合意が成立していた。

この一方，行政職員と牧民の間では，相互の正当性に対する判断の不一致が発生していた。まず行政職員の正当性について，行政職員自身が政治的強制力という制度的基盤にもとづいて自らの正当性を高く見なす反面，牧民は専門性という認知的基盤から彼らの正当性を低く評価した。牧民と行政職員との間で，行政職員の正当性の評価に不一致が生じていたのである。また牧民の正当性に関しても，牧民たち自身が自らの正当性を歴史的経緯（つまり認知的基盤）に依拠して高く見積もる一方，行政職員は法規上の未整備という制度的基盤をもとに彼らの正当性を低く見なしており，ここでも牧民と行政職員との間に不一致が認められた。

行政職員の正当性に対する牧民の評価の中には，「行政にそうした資格はないですよ。私が言っている資格とは，権力とは別のものです」「権利があるとしても管理の方法を知らないので，結局は管理できないと思います」と，制度の面での一定の肯定的評価と専門性の面での否定的評価が併存する（回答 D1, D3）。Feather（2003, 2008）の正当性モデルでは，法律や規範などにもとづく自他の権利に関する判断である有資格性と，自他の行動と結果との結びつきに関する判断過程である相応性が区別され，決定を行う個人の有資格性と相応性が一致しない場面では人々に怒りや不満などの否定的な情動が発生するという（Feather, 2003, 2008; Feather, Mckee, & Bekker, 2011）。これと同様に，牧民の間では行政職員の制度的基盤に対する評価と認知的基盤への評価との不一致が発生し，それによって行政への怒りや不満などが生じている可能性がある。

3-3　草原の価値評価が正当性の判断を左右する

牧草地の管理権をめぐる自他の正当性を評価するうえで，牧民は歴史的経緯

や専門性といった認知的基盤を重視するが，行政職員は法規的あるいは政治的な規定という制度的基盤に重点を置いていた。この両者は，正当性の判断にあたって重視する基盤も，その結果としての正当性の評価そのものも，相互にまったく異なっていたわけである。

　2者間でこのように相異なる正当性の相互評価が成立した背景について，次のように考察してみよう。

　内モンゴル自治区では土地細分化政策の導入後，産業としての遊牧は事実上消滅した。しかし現在でも，固定化（細分化）された土地の中での牧畜を生活基盤とする牧民は多く，彼らは牧草地から空間的・経済的に分離した都市での生活を必ずしも希求しない。このことは，実際に生態移民政策に応じて都市部へ移住した牧民自身が，一貫して生態移民政策を否定的にとらえていた回答を行ったことからも傍証される（回答C1～C4）。本章1節で述べたように，生態移民政策に応じて牧民が都市部へ移住しても，就職等で困難を強いられ，牧草地から離れたことでかえって生活が困窮化する可能性もある。このことを，彼ら牧民は知っているのである。牧民にとっての牧草地は生活の基盤であり，したがって環境保全や植生回復のみに偏重して人間と家畜を牧草地から撤退させる方法は，彼らにとって望ましい管理形態ではない。牧民が望む管理とは，牧草地を基盤とする自らの生活上の利益を獲得しつつ，その利益を長期的に維持するために植生回復を図り，結果としてこれを環境保全という公益達成につなげる管理形態であろう。実際に牧民は，生態移民政策がもたらした植生回復の効果に関してはある程度肯定的であった反面，牧畜に適さない草が増えたとして牧草地の利用価値の面からは否定的となり，この政策に対して多面的な評価を下していたのである（回答B1～B4）。

　したがって牧民が管理者に求めるのは，牧畜のために牧草地を利用しつつ，同時に植生の維持を可能にする能力や技術，知識である。牧民が牧草地の管理にあたって専門性などの認知的基盤を重視するのは，彼らが牧草地を生活の場とし，その管理次第で自らの生活に影響される当事者だからであろう。

　これに対して行政職員は，牧草地を生活の基盤とするわけではないので，牧民のように自らの生活と植生回復とのバランスを考える傾向は低下する。彼らは行政上の職務から牧草地の管理に関与しているのであって，行政主導による

生態移民政策が砂漠化防止に重点を置く以上，これに沿って牧草地管理の目的を砂漠化防止のみへ固定しがちになる。このことは，行政職員が砂漠化防止を重視して生態移民政策を肯定的に評価し，牧草地としての利用価値を考慮する回答が皆無であったことからも傍証される（回答B5～B7）。生態移民政策が掲げる主な目的は砂漠化防止と牧民の救貧対策という2点だが，この救貧対策とはとどのつまり，牧民を牧草地から引き離す代わりに都市部で住居を提供する一種の生活保護あるいは補償政策であって，牧草地での牧畜経営を健全化――環境保全と牧畜経営とのバランスを長期的に成立させる意味での健全化――させる産業振興政策の面は欠落している。

　つまり行政職員は，牧草地の管理いかんで生活に影響が及ぶ当事者ではないため，牧畜を行いながら牧草地を維持させる技術や知識への配慮が低下したと考えられる。そもそも生態移民政策自体に，牧草地での牧畜経営の健全化とそのために牧民の技術や知識を生かす視点がないのだから，政策の実務を担う行政職員にそうした配慮や価値観が見られないのも当然である。この結果，行政職員が牧草地の管理権にかかわる正当性を判断するにあたり，法規的・政治的な規定といった制度的基盤のみを重視する傾向が発生したのであろう。

　また行政職員と同様に，都市住民も砂漠化防止のみを焦点として生態移民政策を評価しており（回答B8～B11），さらに自他の正当性を制度的基盤に偏重して評価する傾向が認められたことも，行政職員と同一であった（回答D11～D14）。ただし都市住民の場合，先述のように報道などの伝聞的情報にもとづいて生態移民政策を評価する傾向があり，行政職員と比較してもさらに牧草地への関与や関心が低い，非当事者の視点を持つことがうかがえた。

　以上のように概観すると，正当性の相互評価とその基盤が牧民・行政職員・都市住民の間で相違した原因として，この3者間で牧草地への価値づけが異なる点が挙げられる。牧草地に対する牧民の評価には，牧畜経営に不可欠な資源としての側面が含まれるが，行政職員と都市住民は砂漠化防止を主眼とする環境保全の対象としてのみ，牧草地を評価している。牧草地というコモンズへ密接にかかわり，日常的かつ多面的な利用を行う当事者としての牧民と，そうした密接かつ日常的な関与が低い非当事者としての行政職員および都市住民との間に発生した牧草地への価値評価の差異が，牧草地の管理権をめぐる正当性の

判断と，その判断を左右する制度的ないし認知的基盤における違いを生んだのである。

　Jiménez-Moya, Navarro-Mantas, Willis, Nonami, & Rodríguez-Bailón（2015）は，質問紙上で文化財の保全を焦点とした想定場面をつくり，その文化財が実験参加者にとって関与の深いものかそうでないかを操作したうえで，保全策の決定権を「保全の実績はないが行政から承認された団体」か「行政から承認されていないが保全の実績を持つ団体」のいずれに承認するかを尋ねた。スペインのグラナダ大学の学生に，地元グラナダ市にある世界遺産アルハンブラ宮殿と，同じく世界遺産だが彼らにとって地理的にも認知的にもかなり遠くなる，イギリスのオックスフォードにあるブレナム宮殿のいずれかを呈示したのである。学生たちの反応は，彼らにとって関与が深いアルハンブラ宮殿の保全策は「行政から承認されていないが保全の実績を持つ団体」に決定権を承認すべきだが，関与の浅いブレナム宮殿の保全策は，「保全の実績はないが行政から承認された団体」が決定すべき，であった。文化財の管理権を認めるにあたって当事者は管理者の実績や能力，経験を重んじるのに対し，非当事者はそうした認知的基盤よりも，制度上での取り決めや行政からのお墨付きといった制度的基盤をもとに，管理者の正当性を判断したわけである。

　牧草地の管理権をめぐって牧民と行政職員・都市住民との間に発生した正当性の評価の差異は，Jiménez-Moya et al.(2015)と同一の結果と言える。Jiménez-Moyaらは，当事者と非当事者との間で正当性の評価に差異が発生する原因については言及していないが，コモンズに対する価値評価の差異がその原因であるという本章の知見は，きわめて示唆的なものである。Jiménez-Moyaらの実験でも，グラナダ大学の学生らは，アルハンブラ宮殿とブレナム宮殿それぞれに対して異なる価値評価を行っていたのではないだろうか。

　牧畜のための資源あるいは砂漠化防止の緑地など，牧民と行政職員・都市住民が牧草地に異なる価値評価を行ったことに見られるように，コモンズは複数の価値を重層的に内包し（佐藤，2002；宮内，2006），ときにはその価値評価に応じてコモンズに対する人々の行動も変化する（今井・野波・高村，2016）。こうした重層的価値を持つコモンズの適正管理を円滑に進めるためには，それぞれの価値に依拠したアクターが参加した共同管理制度を構築することが重要

であろう．砂漠化防止のみを目的として行政が一元的に牧草地を管理するのではなく，牧民のように異なる価値を牧草地に付与する人々の意見を，牧草地の管理に反映させることが必要になる．たとえば，牧草地の長期的利用のために，牧民の伝統的な知識や技術を行政職員が再評価し，行政による牧草地の管理政策に反映させる方略が提起できる．これは，伝統的な知識・技術に裏づけられた専門性という認知的基盤からの牧民の正当性確立を前提とした，行政職員と牧民との共同管理制度の構築である．牧草地に対する多元的な価値評価をアクター間で共有することは，牧畜のための資源，砂漠化防止の緑地といった牧草地の多様な価値を，並行的に発展させることにもつながるはずである．

3-4　消極的当事者主義を防ぐ重要性

　この調査から得られたもうひとつの重要な示唆は，都市住民が，法規的・政治的権限の欠如という制度的基盤から，自身の正当性を低く評価した点である．都市住民による自らの正当性の否認は，彼らが牧草地の管理に関与する権利を自ら放棄する傾向にあることを示す．
　あるアクターがコモンズの管理へ関与しようとする際には，コモンズの現状や管理のあり方について情報を集め，思考するための様々なコストが伴う．しかし先述のように，都市住民は牧草地とのかかわりが小さい非当事者であり，牧草地の管理に関する決定は彼らの利害にあまり影響を及ぼさない．このため都市住民には，牧草地の管理を牧民や行政職員へ委ねることで，上記の様々なコストを回避しようとする傾向が生じやすいのではないだろうか．すなわち，コモンズとのかかわりが小さい非当事者は，コモンズの管理に関する決定を当事者へ委ねることにより，その決定の是非について自らが積極的に考えたり，関与したりする権利を放棄しやすい．本研究における都市住民が牧民や行政職員の正当性を高く見積もったのは，牧草地の管理について注意深く考慮した結果ではなく，積極的な思考そのものを放棄したことでこの2者いずれかの権利を承認する結果となった可能性は否定できない．
　非当事者に発生しやすいこうした認知傾向を，「消極的当事者主義」と呼ぼう．消極的当事者主義とは，人々が自他の正当性を判断するうえで，当事者と

非当事者の権利の根拠について周辺的な情報処理から判断し，その結果として当事者の正当性のみを高く見積もる認知傾向を指す（法学の分野では「事案の解明や証拠の提出に関する主導権を当事者に委ねる原則」があり，当事者主義と呼ばれる）。原発の今後をどうするか，その決定を国会まかせにする傾向を今井（2011）は「お任せ民主主義」と呼んだが，消極的当事者主義とはそれと同義で，自分自身（あるいは，自己が属するアクター）を含む様々な人々に影響を及ぼす社会的決定を，当事者や行政といったどこかの誰かに"丸投げ"し，自分自身がその決定へ積極的にかかわる権利や義務の軽視，ときには放棄へと，人々を動かす。

　内モンゴル自治区における牧草地の管理が，当事者である牧民の生活のみならず，砂漠化や環境保全など多様な方面に影響を及ぼすことは事実である。このように社会全体の利害にかかわる問題は，本来ならば牧民や行政職員のみではなく，都市住民を含む多様なアクターによる合議を通して，その是非が決定されるべきである。先述したような牧民と行政職員の共同管理制度も，本来であれば都市住民を含めた合議を通して構築されることが望ましい。そのためには，社会全体の利害を俯瞰する視点の下，都市住民のような牧草地とのかかわりが低いアクターにも，牧草地の管理に関与する権利や機会が提供される必要がある（第1章1節で述べたように，わが国における原発の是非も社会全体の利害にかかわるのだから，広範な国民がその決定過程にかかわる権利や機会があってもよいはずなのだ）。

　さらに，より重要な点として，都市住民が牧草地の管理に関与する権利を，牧民と行政職員の側が承認しなければならないだろう。たとえば蘇米雅（2012）は，都市部の大学生が「社会実践」の一環として牧民のコミュニティを訪問する事例を紹介した。このように牧民と都市住民との直接的な意見交換の場，すなわち熟議（deliberate）のための場を設定することは，牧草地に対する相互の価値評価の共有化を進め，牧民の側には都市住民の正当性への配慮，都市住民の側には消極的当事者主義の抑制を促すと期待できる。

　井上（2004）は，熱帯雨林の自然資源管理に関する考察を通じ，異なる利害や価値観から資源にかかわる多様なアクターが共同で資源管理を行う「協治」の重要性を主張した。「協治」の実現には，地元住民が中心となりつつ外部の

人々と合意を形成して資源の利用や管理の方針を決める「開かれた地元主義」と，資源管理に関与する多様なアクターへその関与の深さに応じて発言権を認める「かかわり主義」という，2つの理念が重要になる（井上，2004）。本章で焦点をあてた牧民・行政職員・都市住民にこの理念を適用すると，牧草地の管理にあたって中心的な役割を果たす権利をまず牧民に認め，しかし牧民は自らだけで牧草地の管理方針を決定するのではなく，行政職員と都市住民との合議を経てこれを行う。その際に3者は，牧草地との関与の深さに応じた発言権や決定権を，相互に承認する。すなわち，牧民・行政職員・都市住民が，「牧草地とのかかわりに応じて誰が最も正当な発言権や決定権を持つのか，次に正当な権利を持つのは誰か」とそれぞれの正当性を相互に順位づけることで，牧草地の重層的価値を並立的に発展させる「協治」が可能となるのである。

アクター間で直接的な議論を行う熟議の場の設定は，こうした「協治」の達成に必要不可欠な手続きである。多様なアクターが顔をつきあわせラウンドテーブルで意見を直接述べ合う熟議には，各アクターが自他の正当性とその根拠となる価値への評価について情報を交換し，それらの評価における相違や一致点に関するアクター間の相互理解を促す効果がある（Johnson, 2008）。

また，多様なアクターによる「協治」の達成には，アクター間の熟議を経た合意を，行政の側が取り入れることを保障した決定システムの構築も必要である。前章（第2章4節）で述べたように，コモンズの管理権をめぐってあるアクターの正当性が制度的基盤（法規的な基準など）から強く根拠づけられる場合，制度的基盤以外の正当性の根拠（信頼性などの認知的基盤）について考えようとする人々の熟慮が低下する。結果として，人々が自他の正当性を判断する際に法規や制度へ過度に依存したり，逆に法規や制度への信頼が低下したり，当該のコモンズの管理そのものへの関心が低下したりする可能性がある。現在の内モンゴル自治区では行政が土地細分化政策や生態移民政策，家畜の頭数制限などを導入し，牧民による牧草地の管理へ強力に干渉する傾向が強められている。一元的管理（ガバメント）の強化であり，牧民や都市住民からの意見を反映させるパスはほとんど開かれていない。このことが，牧民に対しては行政職員の正当性評価の低下，都市住民に対しては牧草地の管理に対する関心の低下を発生させたと考えることもできる。

もう一度，行政職員や都市住民へのインタビュー結果を概観してみよう。行政職員から「都市住民には直接管理する権利はないけれど，意思決定に参加する必要はあると思います」（回答 D6），あるいは都市住民から「民主国家であれば私たち都市の人間も意見を述べることができるかもしれません」（回答 D10）という回答が見られる。これらは，一党独裁主義をとる現在の中国においてなお（だからこそ？），人々の間に熟議民主主義（Johnson, 2008）への希求が生じている証左ではないだろうか。コモンズの共同管理では，消極的当事者主義の発生を防ぐため，各アクターがコモンズの価値や正当性の評価を相互に共有する熟議の場を設定したうえで，「誰が決定を行うべきか」という権利承認の合意を作ることが重要である。

個々のアクターがコモンズの管理や自他の正当性に無関心なまま，行政による一元的かつ自動的な決定がなされる構造は，望ましいものとは言えない。これに比べれば，アクター間での熟議を経て導出された合意は，それがいかなるものであったとしても，当事者・非当事者を含むすべてのアクターにとって相対的に受容可能性が高い決定となり得るだろう。そして，すべてのアクターにとって受容可能性が高いという意味で，その決定は「望ましい」ものであり得るだろう。

本章では，内モンゴル自治区の牧草地管理を焦点として，アクター間での正当性の相互評価構造を検討した。重点として示されたのは，社会的ガバナンスの場面では政策の決定権の所在とその根拠――すなわち正当性の相互評価――について，アクター間で一致をはかること，その際には一部のアクターによる消極的当事者主義の発生を抑制すること，そのためにアクター間で正当性評価や価値評価に関する相互の一致・不一致を共有する熟議の場を設定すること，などであった。こうした知見は，わが国におけるコモンズの管理をはじめ多様なアクターの利害に影響を及ぼす公共政策の決定や運用を考える際にも，有益な視点をもたらすのではないだろうか。コモンズ管理の問題は多様なアクターによるジレンマ構造の面から検討されることが多かったが（Hardin, 1978；Ostrom, 1990），本章のように正当性の相互評価という権利構造からとらえる試みも，重要となるだろう。

なお本章では，牧草地の管理に関与するアクターの分類にあたり，民族や言

語などのカテゴリーではなく，職種や生活空間など，牧草地とのかかわりにおいて成り立つ日常生活上の利害にもとづいて分類するアプローチをとった。結果として，正当性の判断や牧草地の価値評価においては，モンゴル族と漢族といった民族間の差異よりも，牧民・行政職員・都市住民という日常生活上の利害にもとづくカテゴリー間での差異のほうが，より顕著であった。こうした利害論的なアプローチの重要性も，本章を通じて指摘しておきたい。次章3節でも，利害論的なアプローチの重要性はあらためて指摘される。

第4章
軍事基地と廃棄物処理場：
迷惑施設をめぐる正当性

　本章では，多様なアクターの利害にかかわる社会的決定として，いわゆる迷惑施設に焦点をあてる。東日本大震災後に原発再稼働をめぐる議論が活発化したり，沖縄県の普天間基地移設が問題になったりと，現在（2016年）のわが国では，エネルギーと国防いずれも根幹的な国策に結びついた公共施設の是非をめぐり，社会的な合意が問われる事態が相次いでいる。この種の公共施設にかかわるアクターは，たとえば当事者と非当事者，地元住民とその他の多数者といったように，利害も価値観も，そしてその公共施設への関与の程度も，多岐にわたる。これら多様なアクターの間で，迷惑施設の是非を決定する権利をめぐり，互いの正当性はどのように評価されているのだろうか。迷惑施設をめぐる正当性の検証を通して，現在のわが国で急務の課題となった原発や米軍基地の是非に関する合意形成のあり方を考えてみよう。

4-1　みんなに笑顔，誰かに涙，NIMBY問題の難しさ

　原発などの公共施設が迷惑施設と呼ばれるのは，それらが社会的かつ地理空間的に広範囲で多数の人々に利益（公益）をもたらす反面，相対的に範囲が狭く少数となる立地地域の人々には，公益以外の何らかの形でコストが集中しやすいからである。つまり社会的には利益をもたらすが，立地地域にとっては迷惑この上ない公共施設。たとえばTakahashi（1997）やMoon（1988）は，ホームレスやHIV罹患者らの厚生施設を取り上げ，これらの施設が社会全体では必須とされる反面，施設が立地される周辺地域には社会的なスティグマ(個人・集団が差別や偏見など否定的な影響を受けることにつながる欠点やハンディ

キャップ）が付与されやすいと論じた。

　清水（1999）は，理念としてはこの種の施設に賛同するが自分の家の近辺はお断りという人々の心理傾向を NIMBY（Not in my backyard）シンドロームと呼称した（NIMBY という言葉そのものの語源は明確ではないが，鈴木（2011）によると 1980 年の米国原子力学会において，原子力関連施設の立地が論じられた際に，恩恵を享受しながら施設の立地には反対する人々を指して発せられた言葉によるとも言われる）。原発・廃棄物処分場・軍事基地という 3 つの公共施設は，NIMBY の構造を内包した代表的な迷惑施設とされる（清水，1999）。NIMBY 問題とは，迷惑施設と呼ばれる公共施設が広範な多数者への利益，つまり公益を創出する一方で，立地地域の人々には不利益をもたらすと認知されて忌避され，そのためこれらの施設はどこにも立地不能となって，結果的に公益そのものの供給が不可能になるという，社会的ジレンマの一種である（藤井，2003）。

　NIMBY 構造を内包した迷惑施設をめぐる様々なアクター間の係争は，たとえば北米で産業関連施設に伴って発生した立地地域の住民と行政との係争（Gladwin, 1980），し尿処理場の是非をめぐっての住民と地元自治体の係争（岩田，2005），風力発電立地に関する推進派と反対派の価値観の相違（Wolsink, 2000），台湾における廃棄物処分場への反対運動（Hsu, 2006）などから報告される。さらに NIMBY 問題は，社会的ジレンマ構造のみならず，公益を獲得する広範な多数者——こうした人々を，ここでは域外多数者と呼称しよう——と，不利益を被る立地地域の（上記の多数者と較べて相対的に）少数となる人々——この人々を，立地地域少数者と呼ぶことにする——の間での受益圏対受苦圏（梶田，1979）という利害対立構造も内包し，アクター間の係争が頻発しやすい構造となっている。

　わが国における NIMBY 問題の構造を持つ迷惑施設として，本章ではまず，沖縄県の在日米軍基地を概観する。そもそも軍事基地というものは，安全保障などの公益を供給する施設であるとの見解の一方で，戦争のリスクを高め社会的費用を生みだすだけの無用物という意見もあるが，ここでは前者の見解に沿って論を進めよう。軍事基地がもたらす国防や安全保障は，公共性の高い社会的資源である。ここで言う公共性の高い社会的資源とは，利益を個々人に分

割できず，したがって市場取引の対象にできず，政府のほかには供給不可能な資源（公共財）を指す．国防や安全保障，もっと言えば「平和」とは，きわめて公共性の高い資源——今日も明日もその先も平和だろうとの期待が成立するからこそ人々は安心して日々の経済活動にいそしむことができる，つまり平和は経済的利益を生み出す重要な資源——なのである．

　国防や安全保障が国家全体にわたる多数者にとっての公益であるのに対し，それを供給する軍事基地は，騒音や事故の発生・治安悪化などへの懸念などから，わが国では多くの地域で拒絶されやすい．わが国で在日米軍基地（米軍のみが使用する専用基地に限る）の約74％が集中する沖縄県では，深刻な騒音発生や治安悪化の常態化，さらには軍用機の墜落に伴う建造物損壊，児童を含む一般市民の死亡事故までが繰り返し生じている．たとえば1959年，米空軍のジェット戦闘機F-100が沖縄県石川市（現在うるま市）の小学校に白昼墜落し（米国人パイロットは脱出），落下した機体から燃え盛るジェット燃料をぶちまけられる（！）などした小学生11名を含む一般市民の死者17名，重軽傷者200名以上，そのほか多数の校舎・民家の全焼ないし半焼という大惨事が発生した（宮森小学校米軍ジェット機墜落事故）．すなわち軍事基地とは，国防という公益をもたらす施設でありながら，それが設置される地域では公益を上回る様々な社会的コストを生じさせ，このため個々の人々から忌避されやすい．実際に，2009年から2010年にかけて沖縄県の普天間飛行場を県外に移設する案が議論された際には，移設先の候補となったいくつかの自治体——その多くは，既に別の米軍基地を抱えた自治体であった——が即座に拒絶を表明した経緯がある．軍事基地のもたらす安全保障という社会的な利益は重視するが，その一方で軍事基地の立地に伴うコストの負担は回避したいという社会的ジレンマの構造が見られる．さらに在日米軍基地は，広域の多数者が安全保障という公益を獲得する一方で，沖縄をはじめとするいくつかの自治体に不利益が集中する受益圏対受苦圏の利害対立構造も併せ持っている．社会的ジレンマ構造と利害対立構造の両面，つまり在日米軍基地にはNIMBY構造が成立していると言える．

　NIMBY問題におけるもう一つの重点は，立地地域少数者と域外多数者それぞれの利害に迷惑施設が及ぼす影響について，その情報が非対称的となりやす

いことである。沖縄県の在日米軍基地を例とした場合，これが立地地域少数者にもたらす直接的なコストについては，たとえば一般にもよく知られた阿波根（1973）や石川（2015）が，米軍による居住地や農地の強制収用（いわゆる「銃剣とブルドーザー」），軍用機などの恒常的な騒音や墜落リスクの発生，米軍関係者による交通事故や暴力事件の頻発などを報告している。たとえこれらの報告を目にしたことがなくても，沖縄県内での米軍関係者による暴行事件などはわが国でたびたび全国的なニュースになることもあり，多くの人々がよく知るところであろう。米軍関係者による犯罪が問題となるのは，彼らが事故や事件を起こしても日米地位協定によって日本国内での立件がなされないケースが多いことも一因としてあるに違いない。同協定によれば，米軍人が日本国内で罪を犯した場合，それが公務外で，かつ日本警察が現行犯逮捕を行ったときのみ，日本側が被疑者の身柄を拘束でき，第一次裁判権も日本側に移る。それ以外は日本側が公訴を提起するまで米側が被疑者を拘束するが（同17条），被疑者が確保できないのだから日本側はまともな捜査ができず，公訴そのものに困難を強いられる（もっとも，岩本（2010）によれば，PKO地位協定上でも自衛隊関係者による派遣先での事件は公務内外を問わず日本が刑事管轄権を持っており，外国の駐留軍・派遣軍に対して接受国の法律や司法権が適用されないのは国際法上の一般的な通念のようである）。さらに，このような様々なコストに関する報告や報道と比較すれば少数ではあるが，米軍基地が立地地域にもたらす直接的な利益に関しても，最近はいくつかの報告が散見される。来間（2012）や大久保・篠原（2015）などでは，米軍に私有地や公有地を貸与する個人——「基地地主」「軍用地主」と呼ばれる人々——や自治体に日本政府から借地料（軍用地料）が毎年入り，あるいは基地の補修や移設に伴って公共工事が発生して，このため沖縄県内の一部の人々や自治体や企業が米軍基地に依存し，基地の返還に自ら反対する構造が描かれる（軍用地料は市場相場ではなく政治相場で決定され，不況下でも値下がりしないため，図4-1のように沖縄県内では軍用地を投機対象とする市場が成立している）。

　これらはいずれも，個々人の利害に及ぼされる影響として，人々にとって具体的かつ可視的に想定されやすい。ところがこれに対して，在日米軍基地が域外多数者の利害へ及ぼす影響については，目につきやすい形での報告がなかな

図4-1　米軍に貸与する土地の売買広告（2013年筆者撮影）
このような看板は沖縄本島内の米軍基地周囲で多数目にすることができ，また県内の不動産情報誌や地元新聞紙上などにも軍用地の売買に関する広告が日常的に掲載される。

か見られない。在日米軍基地が域外多数者にもたらす利益とコストとは，それぞれ国家レベルでの安全保障と，その一方で同じく国家レベルでの米軍駐留経費の増大であろう。後者はたとえば，日本の防衛予算およそ5兆円のうち，在日米軍の駐留経費負担分が約6,300億円（2015年度）——この中には先述した軍用地料も含まれ，在日米軍の駐留経費全体の4分の3を日本側が負担しており，米国が軍を駐留させる同盟国の中でこの負担率は群を抜いて高い——といった形で数字として呈示することもできるが，問題は前者である。国家レベルでの安全保障とは，不特定多数（域外多数者のみならず立地地域少数者も含む）が獲得する公益と定義できるが，これは先に挙げた地域少数者への軍用地料などと異なり，集合的な利益であるため，個々人に分割することができない。そのため，安全保障という利益が具体的に数値化され個々人に及ぶものとして人々に認知されることは，困難であると思われる。

　在日米軍基地の事例のように，迷惑施設が立地地域少数者の利害にもたらす影響は，立地地域少数者自身と域外多数者いずれにも，具体的かつ可視的にとらえられやすい。その一方で域外多数者を含む不特定多数の利害に対する影響

は，不可視的になりやすいと言える。このような構造は，原発や廃棄物処理場など，NIMBY 構造を持つ他の迷惑施設でも成立するのではないだろうか。

4-2　米軍基地の政策は誰が決定すべきか

　原発や軍事基地など，NIMBY 構造を持つ迷惑施設の是非に関する政策は，広範な人々の利害に様々な影響を及ぼす公共政策である。しかし，迷惑施設にかかわる人々は立地地域少数者・域外多数者など，利害も立場も異なり，迷惑施設から受ける影響も，前節で検討したようにそれぞれ異なる。そうした多様な人々は，迷惑施設の是非に関する政策の決定権を，誰に，どのような根拠から承認するのだろうか。野波・土屋・桜井（2015）は沖縄県の普天間飛行場移設に関する政策を事例として，公共政策の決定権をめぐる多様なアクター間での正当性の相互評価を検討した。以下，その調査結果を概説しよう。なおここでは，前章までで"人々がコモンズに対する自他の管理権について何らかの理由・価値をもとに評価する承認可能性"と定義された正当性を，NIMBY 問題における公共政策の決定場面に適用し，"公共政策に対する自他の決定権について，人々が何らかの理由・価値から評価する承認可能性"と拡大定義している。

　まず必要なことは，普天間飛行場移設に関与するアクターの分類である。そのために，ひとまず 1995 年から 2012 年に至る普天間飛行場移設の概略を述べてみよう。

　沖縄県宜野湾市に存在する普天間飛行場は，沖縄戦時（1945 年）から建設が始まり，1950 年頃より朝鮮戦争に伴って米陸軍の恒常的な基地になった。その後，陸軍から空軍へ移管し，現在は海兵隊の管理下である。約 480 ヘクタールの敷地（2011 年）は宜野湾市のおよそ 25% を占め，この 9 割以上が民有地であり，1960 年頃より日本政府から地主へ軍用地料が支払われている。その総額は，約 3,000 人の地主に対して年間およそ 60 億円以上（2010 年時点）とされる（図 4-2）。

　1995 年，米海兵隊員ら 3 名が沖縄在住の 12 歳の女児を拉致監禁，暴行に及ぶ事件が発生する（沖縄米兵少女暴行事件）。沖縄県警は米軍に彼らの身柄引

図4-2 宜野湾市内の丘陵（嘉数高台公園）から一望した普天間飛行場（2013年筆者撮影）
市街地と飛行場がすぐ隣接し、市内の真ん中に基地があることが理解できる。滑走路に並ぶ機体は、2012年から日本に配備されたティルトローター輸送機 V-22 オスプレイである。このように市街地の真ん中に米軍基地がある構造は、東京都港区六本木の麻布米軍ヘリコプター基地（赤坂プレスセンター）など、本土にもみられる。

き渡しを求めたが、日米地位協定をタテに米軍は当初これを拒否、ようやく日本側の提訴に至って3名の引き渡しに応じた。この事件を契機として、沖縄では同協定の見直しや米軍基地の縮小・撤廃を求める機運が急速に高まる。普天間飛行場に関しても様々な移設案が出され、移設先候補のひとつとなった名護市では1997年に市民投票が行われた結果、移設反対が約53％と半数を上回ったものの移設賛成も約46％で半数近くに達し、市民の意見は真っ二つに割れた（投票率約82％）。当時の名護市長は辞職と引き換えに飛行場の受け入れを表明、名護市への移設が決定される。その後さらに、1998年の沖縄県知事選では県内移設容認派が当選するなど、名護市への移設に向けての条件が整い、2004年4月には名護市の辺野古で環境影響評価手続きが開始された。しかし同年8月、普天間飛行場配備の米軍ヘリコプター CH-53 が宜野湾市内の大学構内へ白昼に墜落、学棟を損壊させる事故が発生する。死傷者はなかったものの、この事故によって沖縄県内の基地返還要求が再び高まり、辺野古でのアセ

スメント調査は中止された。

　2009年以降から2011年までは，国政選挙で辺野古移設を容認する候補者が沖縄県では全員落選，2010年の名護市長選で辺野古移設への反対派が当選，同年の県知事選でも現職知事が辺野古への移設を容認しない姿勢に転じて再選されるなど，普天間飛行場の辺野古移設は沖縄県住民から十分な同意を得られないまま，2013年頃まで半ば決定，半ば未決定という状態が続いた。2013年末に沖縄県知事が辺野古移設に向けた公有水面埋め立てを承認し，政府による海底調査が再開された。しかしその後の県知事選で移設反対派の知事が当選して公有水面埋め立て承認の取り消しを政府に通告，これにより現地の工事は中断され，2016年には政府と沖縄県が裁判で争う事態となっている。

　沖縄県の場合，ここまで概説したように，個々人のレベルでは米軍基地の設置に伴う雇用や軍用地料，公共工事といった一部の人々への利益が発生する一方，基地の周辺に住む人々にとっては治安・安全の低下や騒音などのコストが大きい。社会的なレベルで見ても，米軍基地は地域社会全体での経済振興の阻害（新崎・我部・桜井・佐藤・星野・松本・宮里，2011）など，無視できない社会的コストを発生させると言われる。したがって沖縄県住民は，利益とコストの両面から米軍基地に深くかかわる立地地域少数者と位置づけられる。これに対して，沖縄県以外に居住するその他の多くの都道府県の住民は，国防や安全保障という公益を在日米軍駐留経費という広域経済的なコスト負担によって獲得しているとの意見がある。これに沿って言えば沖縄県以外のその他の住民は，広域社会への利益とコストの面で在日米軍基地へ間接的な関与のみ持つ，域外多数者と定義できる。さらに日本政府は，国内で上記のアクター2者間の調整を行う第3のアクターと位置づけられる。以上よりここでは，在日米軍基地政策に関与するアクターとして，立地地域少数者としての沖縄県住民，域外多数者となるその他の住民，両者を調整する日本政府という3種を仮定した（野波ほか，2015）。

　では，米軍基地に関する政策を決定する権利をめぐって，これらアクター3種の正当性，ならびにその制度的基盤・認知的基盤は，それぞれどのように評価されるのだろうか。おそらく，「地元の人が当事者だから，地元の人がイエスならイエス，ノーならノー，地元の人が決めるべきだろう」といった単純な

当事者主義だけで，アクター3種すべての正当性が判断されるわけではあるまい。たとえば第2章4節で，法規性（あるアクターの権利が法律や条例といった法規上の取り決めから根拠づけられるという人々の予測）が正当性に及ぼす影響を検討したが，こうした法規性・信頼性は，米軍基地政策をめぐる3つのアクターの正当性を，どのように左右するのだろうか。

　ここで重要な点は，公共政策の決定者――たとえば政府や自治体などの行政――に対する信頼が，正当性の規定因であると同時に，それ自体で公共政策そのものに対する人々の受容を左右する要因となっており（Hovland, Janis, & Kelley, 1953 ; Luhmann, 1979 ; Van den Bos, Wilke, & Lind, 1998），その際の信頼の規定因が，人々の立場によって異なることである。宜野座村の赤土流出問題対策（第2章2節参照）を例として挙げれば，この問題に利害上のかかわりや関心が強い漁協関係者は，問題への取り組みで何が重視されるべきか，どんな結果を望むかといった，自分たちにとっての望ましい価値（主要価値）が明確であり，そのため政策決定者がそれらの価値を自分たちと共有できているかという価値の類似性をもとに，政策決定者への信頼を判断する。他方，赤土流出問題による利害上の影響も関心も低い一般住民は，主要価値が明確でないため，漁協関係者のように価値の類似性をもとに政策決定者の信頼性を判断することができない。この場合一般住民は，とにかく政策決定者が有能で誠実でさえあれば問題を解決できるだろうと考え，有能性と誠実性をもとに政策決定者への信頼を判断するのである（中谷内・野波・加藤，2009）。

　信頼の規定因に関しては，自分と相手との間の価値の類似性によって決まるという主要価値類似性モデル（Cvetkovich & Nakayachi, 2007 ; Earle & Cvetkovich, 1995 ; Siegrist, Gutscher, & Earle, 2005）と，相手の能力と誠実さ・公正さへの評価によって決まるという信頼モデル（Barber, 1983：山岸, 1998）が提唱されている。宜野座村の漁協関係者と一般住民それぞれが政策決定者によせる信頼の構造を比較した先述の中谷内ほか（2009）は，主要価値類似性モデルが当事者に，信頼モデルは非当事者にあてはまるという結論で，2つのモデルを統一したのである。さらに中谷内ほか（2009）によれば，赤土流出問題への関与が低い一般住民は，関心のみならず問題に関する知識も少ないため，表層的かつ一時的（ヒューリスティック）な情報処理過程（Chaiken, 1980 ;

Petty & Cacioppo, 1981) によって，赤土流出対策に関する判断を行う。しかし，問題への関与が高い漁協関係者は関心も知識も多いため，精緻な情報処理を通じて赤土流出対策を評価する。このとき，政策決定者が信頼できるか否かという情報は，政策の内容そのものとは無関係な，一種の周辺的手がかりである。したがって一般住民が政策決定者への信頼をもとに――対策の内容をよく確かめることなく――赤土流出対策の有効性や受容可能性を評価したのに対し，漁協関係者は政策決定者の信頼と対策の内容を別々に評価した（中谷内ほか，2009）。

　このように当事者と非当事者の間で，公共政策の決定者に対する信頼が，価値類似性ないし有能さや誠実さによって異なる影響を受けるとすれば，信頼によって規定される正当性も，その評価過程が当事者と非当事者の間で異なったものになるのではないだろうか。ここでは，在日米軍基地をめぐり立地地域少数者と域外多数者それぞれが政策決定者の正当性を判断する過程に，次のような差異があると仮定してみる。

　米軍基地政策による直接的な影響が大きい立地地域少数者では，中谷内ほか（2009）と同様に主要価値類似性が，自己を含むアクター3種（沖縄県住民・その他の住民・日本政府）の信頼性を規定する要因となり，その一方で有能性と誠実性による影響は低いと考えられる。また立地地域少数者は，自他の正当性を評価するうえで，精緻な情報処理への動機づけが高い。このため彼らは，各アクターの信頼性が正当性評価の判断材料として採用できるかどうかを，評価対象のアクターごとに熟慮するはずである。自分たちとの価値類似性が高いと評価できるアクターに対しては信頼性を高く評価し，その信頼性をもとに，当該アクターが在日米軍政策を決定する正当性を高く見積もるだろう。しかし，価値類似性の低いアクターには信頼性が低く，そうしたアクターの正当性の判断に信頼性を採用することはないと仮定できる。つまり立地地域少数者は，各アクターの信頼性と正当性を無条件に直結させて評価するのではなく，アクターに応じてこの2つを別々に評価すると考えられる。

　これに対して域外多数者は，米軍基地政策に対する関心が低いため，主要価値が明確ではない。したがって彼らは，価値類似性ではなく有能性や誠実性をもとに，各アクターの信頼性を評価するだろう。また関心が低いゆえに，域外

多数者は，各アクターの正当性を一律的に周辺的手がかりにもとづいて判断しやすい。法規性と信頼性はいずれも，自他の正当性を判断するにあたって周辺的手がかりとなり得る（第2章4節参照）。したがって，域外多数者による各アクターの正当性の判断には，法規性とともに，有能性・誠実性によって規定される信頼性が，一律的に影響を及ぼすと予測できる。

図4-3は，立地地域少数者（沖縄県在住5年以上の大学生116名）および域外多数者（兵庫県内の大学生143名）に，在日米軍基地政策の決定権にかかわる沖縄県住民・その他の住民・日本政府それぞれの正当性や法規性・信頼性への評価を求めた結果である（調査の実施は2010年9月から10月で，2009年からこの頃までは普天間飛行場の移設先に関する議論が全国で断続的に報道されていた）。

まず正当性に関して，立地地域少数者と域外多数者のいずれも，沖縄県住民の正当性を最も高く評価し，ついで日本政府，その他の住民という順序になることは共通していた。ただし，立地地域少数者が評価した沖縄県住民の正当性は，域外多数者による沖縄県住民の正当性評価よりも高く，逆に域外多数者は，その他の住民と日本政府の正当性を，立地地域少数者よりも高く評価した。

法規性に関しては，立地地域少数者は沖縄県住民の法規性を他の2つのアクターよりも高く評価したが，域外多数者はアクター3種の中で日本政府の法規性を最も高く評価した。制度的基盤への評価については，立地地域少数者と域外多数者との間で明確な差が見られる結果となった。

信頼性を見ると，立地地域少数者は沖縄県住民の信頼性を他のアクター2種より統計的に有意に高く評価したのに対し，域外多数者は，その他の住民の信頼性のみを低く評価し，沖縄県住民と日本政府への信頼性には統計的な差異が認められなかった。立地地域少数者は沖縄県住民の信頼性のみを高く評価し，域外多数者は沖縄県住民と同程度に日本政府の信頼性も肯定的に評価したことになる。

沖縄県住民である立地地域少数者が，評価対象アクターとしての"沖縄県住民"の正当性・法規性・信頼性いずれも他のアクター2種より高く評価したのは，いわば当然の結果であり，内集団類似性効果（ingroup similarity effect，自分と内集団との類似性を高く認知することで内集団メンバーへの評価が高ま

90　第4章　軍事基地と廃棄物処理場：迷惑施設をめぐる正当性

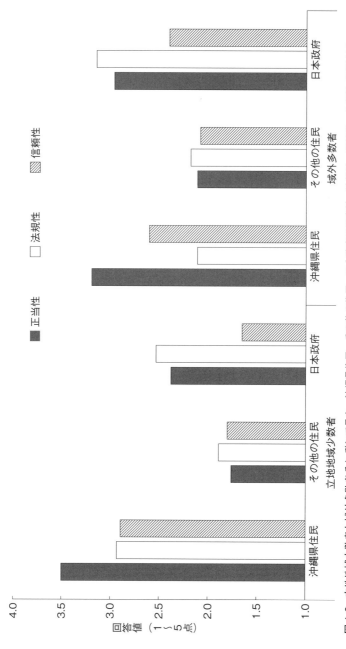

図 4-3　立地地域少数者と域外多数者それぞれで見た，沖縄県住民・その他の住民・日本政府の正当性・法規性・信頼性への評価（野波ほか，2015 より筆者作成）

る)の発現と見ることもできる。しかし，米軍基地が立地地域にもたらす利益・不利益の両面をより正確に理解するアクターは沖縄県住民であろうし，またそれを容易に推測できるのは，自身も"沖縄県住民"に属する立地地域少数者であろう。立地地域少数者が縄県住民の正当性・法規性・信頼性を最も高く認知したのは，このためとも考えられる。

これに対して域外多数者の場合，既に述べたように在日米軍基地による彼らへの影響は，不可視的となりやすい。このため米軍基地そのものへの関心が低下し，その是非について熟考しようとの動機も低下しやすい。その結果彼らは，米軍基地の是非の決定を立地地域少数者や政府へ委ねることで，この問題に自分たちが関与する時間や労力を回避しようとする——第3章4節で指摘した消極的当事者主義である。本節で検討を加えた域外多数者は，彼ら自身が属するアクターである"沖縄県以外のその他の住民"の正当性・法規性・信頼性を，最も低く評価した。内モンゴル自治区で都市住民が自らの正当性を低く見積もったことと同様な，消極的当事者主義の発生がうかがえる(第3章4節参照)。

本節での域外多数者にはさらに，沖縄県住民とともに日本政府の正当性と法規性も，高く評価する傾向が認められた。この結果からは以下のように考察することもできる。域外多数者が政府の正当性を高く見積もるのは，そうしたほうが自分たちにとって有利だから，という場合があり得る。代表的なNIMBY問題とされる原発・廃棄物処分場・軍事基地などの迷惑施設は，立地地域の人々の多くに公益を上回る不利益をもたらすが，それ以外の域外多数者にとっては，これらの施設が生み出す公益のほうが大きい。ある地域にこの種の施設を設置することを行政が決定したとき，当該施設のもたらす公益を詳しく理解した域外多数者は，行政の決定を妥当と見なし，その正当性が高いと評価する可能性が指摘できるのである——繰り返すが，そうしたほうが自分たちにとって利益が大きいから，である。

本節で紹介した在日米軍基地に関する調査では，対象者に対し，米軍基地が沖縄県とわが国それぞれにもたらす公益およびコストの両面を記載した概略を一読させた。これによって，調査対象者が米軍基地のもたらす公益に関する知識を獲得し，域外多数者の側には，自分たちの利益を維持するうえでは沖縄への基地設置を容認した日本政府の決定を受容したほうがよいとの戦略的な思考

が生まれ，政府の正当性を高く評価する結果になった可能性がある。

次に，沖縄県住民・その他の住民・日本政府それぞれの信頼性に影響を及ぼす要因を，立地地域少数者と域外多数者との間で比較した。その結果まず，立地地域少数者による各アクターの信頼性の評価には，有能性と類似性が一貫して影響を及ぼしていた。特に類似性は，沖縄県住民・その他の住民・日本政府いずれの信頼性に対しても，有能性より強い影響を及ぼしており，基地政策の決定権をめぐって立地地域少数者が各アクターの信頼性を判断するうえで，価値類似性が重要な要因となることがわかった。これに対して域外多数者では，アクター3種すべての信頼性に対し，有能性と誠実性が規定因となった。類似性が有意な影響を及ぼしたのは，日本政府の信頼性のみであった。域外多数者が各アクターの信頼性を判断するうえでは，有能性と誠実性が主な要因になると結論できる。これらの結果は，政策決定者の信頼を評価するにあたり，当事者は自分と決定者との類似性をもとに判断し，非当事者は政策決定者の有能性と誠実性をもとに判断するという知見（中谷内ほか，2009）に一致する。

米軍基地政策に関与するアクター3種の信頼性を，立地地域少数者と域外多数者は，それぞれ異なる要因をもとに評価することが示された。ではこの信頼性と，さらに法規性が，各アクターの正当性に対してどんな影響を及ぼすのか，立地地域少数者と域外多数者それぞれによる正当性の評価過程を検討した。

まず，立地地域少数者による正当性の評価過程である。沖縄県住民の正当性に対しては，法規性と信頼性のうち，後者のみが規定因となった。立地地域少数者は（先述のように）価値類似性にもとづいて各アクターの信頼性を評価しており，信頼性を最も高く評価した沖縄県住民に対しては，その信頼性に依拠して正当性を判断したと考えられる。他方，日本政府の正当性に関しては，信頼性が規定因とならず，代わって法規性による影響が見られた。立地地域少数者は，日本政府の信頼性をアクター3種の中で最も低く評価したが，法規性の評価は高かった（図4-3参照）。したがって法規性が，立地地域少数者による日本政府の正当性評価を押し上げたと推測できる。米軍基地にかかわる政策を決定するうえで，日本政府は実際に政治的な権利を持つアクターであり，立地地域少数者はこの事実を考慮して正当性の判断を行ったのだろう。最後に，その他の住民について，立地地域少数者はその正当性そのものを最も低く見なし

たが（図 4-3 参照），正当性の規定因となったのは，法規性と信頼性の両方であった。立地地域少数者は，その他の住民に対して法規性も信頼性も低く評価し（図 4-3 参照），これら 2 要因に対する評価の低下が，正当性の評価も低減させたと思われる。

これらの結果から導かれる結論は，立地地域少数者が沖縄県住民・その他の住民・日本政府というアクター 3 種それぞれの正当性を，法規性・信頼性のいずれか（あるいは両方）を認知的材料として使い分けながら判断しており，アクターごとに異なる評価過程を踏んでいる，ということである。米軍基地政策による影響が大きい立地地域少数者は，自他の信頼性や正当性を評価するにあたって，重視すべき価値が明確で，精緻な情報処理への動機づけも高い。このため彼らは，米軍基地政策にかかわる（自身を含む）多様なアクターの信頼性を価値類似性にもとづいて評価し，また各アクターの制度的基盤と認知的基盤を精査して使い分けながら，正当性の評価を行ったと予測できる。

これに対して域外多数者は，既に述べたように 3 つのアクターすべての信頼性を有能性と誠実性から評価していたが，その信頼性と法規性とが 2 つとも，アクター 3 種すべての正当性の規定要因となった。すなわち彼らは，3 種のアクターすべての正当性を，一律的に信頼性と法規性をもとに評価した。域外多数者は，米軍基地政策による影響が小さいことから主要価値が明確ではなく，各アクターの信頼性や正当性について熟考しようとの動機も低い。域外多数者が各アクターの信頼性を一律的に有能性と誠実性から評価し，正当性についてもやはり一律的に法規性と信頼性の 2 つをもとに判断していたのは，上記のように精緻な情報処理への動機が低下した結果であろう。

基地政策の決定権をめぐる信頼性および正当性の評価において立地地域少数者と域外多数者の間で見られた差異は，当初の仮説を支持するものとなった。この結果から，迷惑施設をめぐる立地地域少数者と域外多数者の相互作用について，次のように考察してみよう。

これまで述べた通り域外多数者は，（軍事基地のような）迷惑施設の是非の決定を，立地地域少数者や行政に委ねる消極的当事者主義を発生させやすい。しかし立地地域少数者は受苦圏となるため，当該施設を非とする可能性が高い。その結果，当該施設の立地は不可能となり，NIMBY 問題は解決されない。行

政に解決が委ねられた場合には公益達成のために迷惑施設が是とされる可能性も高いが，域外多数者の消極的当事者主義は低減せず，彼らの関心が低いまま立地地域の少数者に迷惑施設の不利益が強いられる事態が現出する。沖縄県に在日米軍基地が集中する事態は，この典型例とも言える。

　域外多数者の関心を高めるためには，彼ら自身に迷惑施設がもたらす利益・不利益と，同じく立地地域少数者への利益・不利益という両面を含めた情報の普及が重要である。しかし本節で既に指摘したように，こうした受益圏・受苦圏に関する詳細な情報の提供は，域外多数者に自分たちの利益を重視した戦略的思考を発生させ，特定地域への迷惑施設の立地を支持する（押しつける）結果につながる可能性もある。

　立地地域少数者と域外多数者に対しては，受益圏・受苦圏の利害に関する情報のみならず，それらの情報の共有を前提として，2者が相互の主要価値について議論する場を設ける方策が重要ではないだろうか。Johnson（2008）は，カナダにおける放射性廃棄物の管理政策——高レベル放射性廃棄物の最終処分場である「地層処分場」の是非——をめぐって，多様なアクターがラウンドテーブルで直接的な議論を重ねる熟議民主主義（deliberative democracy）の経緯を報告した。放射性廃棄物の最終処分場（地層処分場）は，本章で取り上げた軍事基地と同様にNIMBY構造を持つ公共施設である。なかんずく，現生世代はおろか将来世代にまで影響を及ぼす，したがって現在における受益圏と受苦圏のみならず世代間の利害対立まで含んだ，最も厄介な（それでいて，いったん原発を動かして放射性廃棄物を生じさせた国にとってはどうしても必要な）公共施設である。このように広範な影響を及ぼす公共施設の協議には，直接の利害関係者や専門家や行政だけでなく，一般市民を取りこむことも必要になる。多面的な情報を共有した多様なアクターが議論を重ねる熟議では「視点の多元性」がもたらされ，各アクターが自他の権利の根拠となる価値について考え，それらの価値に対する互いの評価の異同に関して理解を深め，多数決よりも良質な意見や決定が形成される可能性が高いからである（Johnson, 2008）。

　迷惑施設に関する詳細な情報を得られない域外多数者は消極的当事者主義に陥り，決定権を立地地域少数者や行政に"丸投げ"して自らは迷惑施設について思考しようとしないため，そもそも立地地域少数者との議論が成立しない。

迷惑施設が域外多数者の公益に及ぼす影響を評価し，その公益を域外多数者自身が明確に価値づける戦略的思考を喚起すれば，そこで初めて域外多数者は，立地地域少数者との間で相互の価値・利害・権利などの差異や共通点を話し合う熟議を開始できる，と言える．

4-3　とりあえず「地元が決めればいい」，消極的当事者主義を変える情報とは

　迷惑施設の是非をめぐる立地地域少数者と域外多数者との議論を活性化するには，受益圏・受苦圏の利害に関する情報の普及を通じて域外多数者の関心を喚起することが重要と考えられるわけだが，すると次の課題は，このような情報が立地地域少数者と域外多数者それぞれによる正当性の評価にどんな影響を及ぼすのか，実際に検討することだ，ということになる．

　本章1節で述べたように，立地地域少数者の個々人にとり，迷惑施設が自分たちの利害に直接及ぼす影響は，具体的に想定されやすい．このため，その施設の是非を決定する正当性について，立地地域少数者が判断を行う根拠となる価値や理由も，明確になる．そして，立地地域少数者に対する迷惑施設の影響が具体的に想定されやすい構造は，公益および私益への迷惑施設の影響に関する情報が多くても少なくても，あまり変わらないだろう．繰り返すが，迷惑施設が個々人の私的な利害に及ぼす影響は，（実際の情報の多少にかかわらず）人々にとって可視的に想定されやすいのである．したがって，立地地域少数者による正当性の判断は，迷惑施設の影響に関する情報の多寡による影響を受けにくいと考えられる．

　これに対し域外多数者は，自己の利害に及ぼされる迷惑施設の影響を，具体的に想定しにくい．これも繰り返しだが，迷惑施設が域外多数者にもたらす利益とは個々人に分割できない集合的な利益であり，不可視的になりやすいからである（本章1節参照）．そのため，公益および私益へ迷惑施設が及ぼす影響について情報が乏しい場合，その施設の是非は域外多数者にとって関与が低い事項と見なされるだろう．このとき域外多数者には，迷惑施設の影響がより明確に想定されやすい立地地域少数者の正当性を高く見積もる消極的当事者主義が発生する可能性が高い．他方，迷惑施設の影響が情報として呈示されれば，

域外多数者は迷惑施設が自分たちにもたらす公益を予測しやすくなる。この状況における域外多数者には，公益（つまり自分たちにとっての利益）の達成を期待できるアクターの正当性を，立地地域少数者の正当性よりも高く評価するという，いわば自己利益の最大化を目指す戦略的な思考が生じると仮定できる。

迷惑施設は，公益と私益それぞれの面で多様な人々の利害に影響を及ぼす公共施設である。多様な人々に影響を及ぼすゆえに，これらの施設の是非に関する判断は政府や地方自治体といった広域ないし狭域（「広域」「狭域」は2つの行政区画を比較した相対的な意味である）の行政機関に委ねられる場合が多い。前節で詳説した在日米軍基地についても，日本政府と沖縄県という広域・狭域の2つの行政機関がそれぞれの正当性を主張してぶつかり合い，その是非に関する決定がときに膠着状態になることも——2016年現在のように裁判沙汰になることまで——あるのである。つまり迷惑施設をめぐる立地地域少数者と域外多数者には，その実質的な決定者として，広域ないし狭域の行政機関の正当性を判断することを求められる場合がある。

立地地域少数者の場合，迷惑施設が及ぼす影響は個々人の利害に及ぶため，（情報が多かろうが少なかろうが）具体的かつ可視的に想定することが容易である。よって彼らは，迷惑施設が公益と私益におよぼす影響についての情報量に関係なく，自分たちとの利害上の類似性を高く期待できる狭域行政の正当性を，一貫して高く見積もるだろう。

これに対して域外多数者は，迷惑施設が自己の利害に及ぼす影響を具体的に想定しにくい。したがって，迷惑施設の影響に関する実際の情報が乏しい場合，域外多数者は周辺的な情報処理で想定されやすい立地地域少数者の利害を判断材料として，狭域行政の正当性が高いと判断するだろう。しかし，迷惑施設の影響に関する詳細な情報が呈示された場合には，彼らは自らの利益の達成を目指す戦略的な思考を発生させ，迷惑施設を是認する可能性が高いと期待できる広域行政の正当性を高く評価するだろう。

野波・大友・坂本・田代（2015）は，「ごみ処理発電所の是非をめぐるA県の県議会と町議会」という場面を紙上に設定した実験で，上記の仮説を検証した。実験参加者（男女大学生201名）は「A県で，ごみ処理発電所が計画される立地地域に住む学生」ないし「A県で，立地地域から離れた市に住む学生」

4-3 とりあえず「地元が決めればいい」，消極的当事者主義を変える情報とは　97

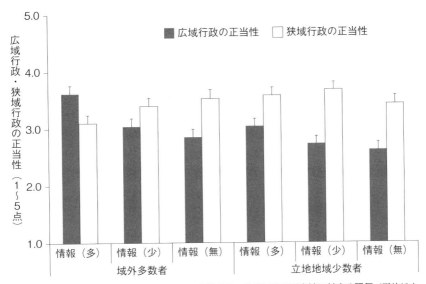

図4-4　立地地域少数者と域外多数者による広域行政・狭域行政の正当性に対する評価（野波ほか，2015より筆者作成）

いずれかの立場から場面設定の文章を読み，立地地域少数者もしくは域外多数者に割り振られた。

　さらに，ごみ処理発電所の建設に伴う域外多数者の利益（公益）と，立地地域少数者の不利益をいずれも具体的に記載した情報（多）の条件，詳細を呈示しない情報（少）の条件，および，発電所の是非をめぐってさまざまな意見があるとの文章のみ示し，域外多数者と立地地域少数者の範囲を呈示しない情報（無）の条件を設定した。

　実験参加者は条件ごとにいずれかを読んだ後，ごみ発電所の是非を決定する上での「A県全体で選出された議員による県議会」および「立地地域で選出された議員による町議会」という2つの議会それぞれの正当性を評価した。

　図4-4は，立地地域少数者と域外多数者それぞれが，情報（多）・（少）・（無）の条件において，県議会（広域行政）と町議会（狭域行政）の正当性を評価した結果である。ここからわかるように，まず立地地域少数者は，迷惑施設の影響に関する情報の多少にかかわらず，一貫して広域行政よりも狭域行政の正当性を高く評価した。これに対して域外多数者は，情報が乏しい場合には狭域行

政の正当性が高いと見なしたが，詳細な情報を呈示された情報（多）の条件では，狭域行政より広域行政の正当性を高く見積もった。

情報が乏しい場合に域外多数者が狭域行政の正当性を高く見積もったのは，彼らが自らの利害に及ぼされる迷惑施設の影響について深く考慮せず，消極的当事者主義にもとづいて行政の正当性を判断したからであろう。それに対して，詳細な情報が呈示された場合に広域行政の正当性を高く評価したのは，自己の利益を重視した戦略的な思考にもとづき，広域行政に迷惑施設を是認する期待を向けたためと考えられる。これらの結果は先述の仮説と一致しており，迷惑施設の決定権をめぐって域外多数者に発生する消極的当事者主義へ，情報が及ぼす影響が明らかになった。

図4-4の結果からは，さらにもう一つの知見が示される。立地地域少数者は一貫して狭域行政の正当性を高く評価していたが，その一方で情報が多い場合と乏しい場合では，前者のほうが広域行政の正当性を高く評価したのである（統計的な有意差あり）。立地地域少数者は，広域行政の正当性を高く認めれば迷惑施設が是認されると予測し，自分たちにとってはコストが大きいと想定したはずである。実際，情報（多）の条件では，立地地域少数者の被るコストが詳しく教示されていた——にもかかわらず彼らは，その情報（多）の条件で，情報（少）や（無）の条件よりも，広域行政の正当性を高く評価したのである。

この理由として，情報のもう一端である公益に彼らが注視した可能性を挙げることができる。域外多数者が広域行政の正当性を高く見積もる際の戦略的な思考と異なり，立地地域少数者による公益への注視は，自己の利益を重視する過程から生じるとは考えにくい。胆沢ダム（岩手県）の建設経緯を調査した青木・鈴木（2008）では，ダム建設に反対の立場だった水没地権者が，下流域の住民との接触を通じて，反対から推進へと転換した事例が報告される。立場の異なる人々との接触によって「地元」の住民が自らの意見を転換させたこの事例のように，本節で紹介した実験でも，立地地域少数者は情報を通じて公益の価値に気づき，自己の個人的な利害と公益とのトレードオフを考え始めたのではないだろうか。価値の転換が，広域行政の正当性に対する評価を変える結果となった可能性は高い。

これらの示唆をまとめると，広域行政の正当性に対する判断は，立地地域少

数者が公益への注視，域外多数者が私的な利益の重視というように，それぞれ異なる価値評価を背景にしているのかもしれない．ただし，過程が異質であったとしても，実際に本節での実験が示すように，情報（多）の条件では立地地域少数者も域外多数者も，広域行政の正当性に対する評価を高めている．迷惑施設が及ぼす影響についての情報を共有することで，両者の間で広域行政を政策決定者と承認する合意形成が促進されるとの示唆は成り立つ．在日米軍基地や原発といったわが国での迷惑施設をめぐる議論では，行政と「地元」の住民（つまり立地地域少数者）との交渉が焦点化することが多いが，域外多数者もその決定過程に加わるべき重要なアクターと考えたとき，本節の実験で示されたような情報の効果は，重要な知見となるのではないだろうか．

　また，行政の正当性に対する法規性と信頼性の影響を検討した（第2章4節と同じく，法規性と信頼性を乗算した変数を含む重回帰分析）．その結果，まず立地地域少数者では，情報の多い少ないにかかわらず，行政の正当性の規定因となったのは信頼性のみだった．次に域外多数者を見ると，情報（少）では立地地域少数者と同じく行政への信頼性のみが正当性の規定因となったが，それに対して情報（多）の条件では，信頼性に加えて法規性も規定因となり，さらに情報（無）の条件では，法規性と信頼性による交互作用も認められた．つまり図4-5のように，情報（無）では行政の法規性が高いと判断されるほど，逆に信頼性による正当性への影響が弱くなった．これは，第2章4節で紹介した現象と同じく，信頼性に対する法規性の干渉効果（正当性の評価に信頼性が及ぼす効果を，法規性が阻害する）である．

　立地地域少数者による行政の正当性の判断が，情報の多い少ないに関係なく一貫して信頼性のみに依拠した過程であったのに対し，域外多数者による正当性の判断過程は，情報の多少に応じて変化したことになる．人々が政策決定者の正当性を判断しようとするとき，法規性は短絡的な浅慮（周辺的情報処理）を促す周辺的手がかりになるが（第2章4節参照），政策決定者の信頼性も，同様な周辺的手がかりとして作用する（中谷内，2008）．正当性の判断過程で法規性によって信頼性の影響が減殺される干渉効果が明らかになった情報（無）の条件では，域外多数者は法規性に偏った浅慮的な情報処理を行ったと推測できる．この情報（無）の条件に比べれば，法規性と信頼性の2つを並行的に処

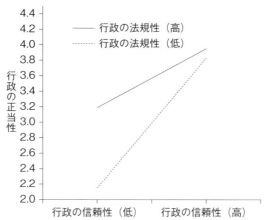

図 4-5 情報（無）における域外多数者で法規性の高低ごとに見た行政の正当性に対する信頼性の影響（野波ほか，2015 より筆者作成）
行政の法規性を高く評価した域外多数者（図中の実線）は，信頼性の高さに応じて行政の正当性も高く評価するが，この変化は法規性を低く評価した域外多数者（図中の点線）において，より大きい。つまり，行政の正当性に対する信頼性の影響は，法規性が高く評価された場合よりも，法規性が低いと見なされた場合のほうが，顕著に現れる。

理した情報（多）の域外多数者は，より精緻な思考で行政の正当性を評価したと言える。

既に述べたようにこの情報（多）の域外多数者には，迷惑施設による公益を自己の利益として重視する戦略的思考の生起も示唆されている（図 4-4 参照）。これらの結果をまとめると，域外多数者の消極的当事者主義は単一の周辺的手がかりにもとづく情報処理過程であり，これに対して戦略的思考は，複数の手がかりを並行的に考慮する情報処理過程であるとは言える。いずれも周辺的手がかりにもとづく思考過程であることは同じだが，相対的に見れば後者のほうが，より精緻な情報処理と考えられるだろう。

そして，これに沿って言えば，正当性の規定因が信頼性のみで一貫していた立地地域少数者の側も，周辺的な情報処理でもって行政機関の正当性を判断していた，ということになる。本章 2 節で，在日米軍基地をめぐる立地地域少数

者には，信頼性・法規性への評価を認知的材料として使い分けながら政策決定者の正当性を判断するという，精緻な情報処理過程が見られることを示した。この調査結果と本節の実験結果は，いくつかの制約から直接の比較はできないが，両者の結果が不一致であったことになる。むしろ本節の実験結果は，内モンゴル自治区における牧草地の管理権をめぐって牧民（つまり当事者）が行政職員の正当性を信頼性より判断したことと一致する（第3章2節参照）。さらに重要なことは，この実験で立地地域少数者が信頼性のみから行政の正当性を判断する傾向が，情報の多少にかかわらず一貫していたことである。つまり，政策決定者の正当性を判断する際の立地地域少数者の認知過程は，迷惑施設の影響に関する情報によって左右されにくいと考えられる。

　本節で紹介した実験は紙面上の仮想場面を用いた手法であり，また対象者が大学生のみであった点から見ても，実験結果の妥当性はあまり高いものではない。本章2節の調査結果と比較が難しいのも，こうした限界が指摘できるからである。しかし，立地地域少数者と域外多数者それぞれに迷惑施設が及ぼす影響について，その情報を両者に共有させることが正当性の判断にどのような変化をもたらすか，それによって迷惑施設の決定権をめぐる両者の合意形成がどう動くのか，本節での示唆にもとづいて考えてみる価値はある。

　たとえば，域外多数者の戦略的思考は，自己が利益を得る一方で特定地域の人々にコストが集中する不公平を，域外多数者自身が容認する思考でもある。言うまでもなくこの思考は，域外多数者が立地地域少数者に不利益を強いる認知的な手段となり得る。つまり，迷惑施設の影響について詳細な情報を普及させて域外多数者に戦略的思考を促すことは，迷惑施設をめぐる立地地域少数者と域外多数者の間の不公平を固定化させることにつながるかもしれない。しかし，域外多数者の戦略的思考はその過程で，複数の情報を並行的に考慮する精緻な情報処理を生起させる。詳細な情報を得られなかった域外多数者が消極的当事者主義に陥りやすいことに比べれば，より精緻な情報処理を喚起した域外多数者は，迷惑施設の是非やそこにかかわる自己の立場，および立地地域少数者の状況へ，より高い関心をよせる可能性がある。

　実際の社会的場面で迷惑施設の是非に関する決定を委任された行政機関が，域外多数者に対して迷惑施設の影響に関する詳細な情報を提供することなくそ

の施設の立地を決定すれば，域外多数者の関心が低いまま立地地域少数者に一方的な不利益が強いられる構造となる。本章2節の結論で述べたように，迷惑施設の影響について立地地域少数者と域外多数者が情報を共有することは，両者の間で熟議を成立させる前提条件である。この種の情報を得られない域外多数者が消極的当事者主義に陥れば，迷惑施設の決定過程にかかわる権利を自ら放棄してしまうため，両者の議論そのものが成立しない破目になる。

　立地地域少数者と域外多数者が議論を開始するうえで重要なことは，迷惑施設に賛成か反対か，ではないだろう。賛成反対まずありきでは，両者の議論は不毛な係争に終始してしまう。大切なのは，自分たちを含む各アクターがどのような利害構造の下に迷惑施設にかかわるか，その立場に応じて自分たちや他のアクターがどんな主要価値を持ち，その価値にもとづいて相互の信頼性や正当性をどのように評価しているのか，これらの点における相互の異同を，お互いに理解することである。

　このためには，賛成反対の論争ではなく，迷惑施設にかかわる人々をそれぞれの利害にもとづいて分類する利害論的なアプローチが重要になる。大久保・篠原（2015）は，在日米軍基地の是非を，それがもたらす経済的な利害を見据えて論ずることの重要性を主張する。沖縄県の在日米軍基地に関して，たとえばその経済的なメリット，デメリットを客観的に把握した議論がなされない場合，本章1節で述べたような基地に依存する沖縄県内の一部の個人・自治体・企業などの存在は「不都合な真実」として見えにくくなってしまう（大久保・篠原，2015）。迷惑施設をめぐる利害構造を踏まえたアクターの抽出や分類を行う視点が重要となるゆえんである。

　本章ではまず2節で，主要価値類似性モデル（Cvetkovich & Nakayachi, 2007 など）にもとづき，立地地域少数者が政策決定者の正当性を判断する際には価値類似性にもとづく信頼が影響を及ぼすと報告した。ただし，そこで信頼の規定因とした価値類似性とは，意見や価値観など個人の主観にもとづく心理的な類似性であった。これに対して3節では，社会構造的に決定される利害の類似性を想定した分析結果を紹介した。利害関係のような社会的類似性は，意見や価値観などの心理的類似性を強く規定するが，同時にこの2つを区別することの重要性は，たとえば佐藤・大沼（2013）から指摘される。在日米軍基地や原

発といったNIMBY構造を持つ公共施設をめぐる合意形成に対しては,「生命」「安全」といった価値論的な視点からの俯瞰やアクターの分類が重要であるのはもちろんだが,利害論にもとづいたアクターの分類,それにもとづく相互の正当性の評価という視点も,重視されて然るべきであろう。

第5章
自他の正当性を判断する模擬体験：
トレーニング・ツールとしての"誰がなぜゲーム"

　前章まで，沖縄県の赤土流出問題や在日米軍基地，内モンゴル自治区の牧草地をめぐる管理政策といった事例を取り上げ，正当性の評価過程やそこにかかわる制度的基盤・認知的基盤といった規定因，多様なアクター間での正当性の相互評価構造などを検討してきた。これらの調査による実証的知見は，公共政策の決定権をめぐる場面で，正当性とは何かに関する視座を提供するものではあった。しかしこれらの知見を紹介しただけで，ふだんあまり意識されない正当性の概念を，人々が身近に感じるようになるとは思えない。社会的決定をめぐって多様なアクターの正当性が問われる場面を，人々が実際に体験できるツールを作れないものか。本章では，このような目的のために開発した参加体験型のシミュレーション・ゲーミング"誰がなぜゲーム"について説明する。

5-1　"誰がなぜゲーム"で正当性の相互評価構造を実験室に再現する

　本書でこれまで概観してきたように，コモンズの適正管理や迷惑施設にかかわる合意形成といった問題を社会的ジレンマ構造の面からとらえた社会心理学的な研究は，調査および実験のいずれでも数多く存在する。しかし，アクター間での正当性の相互評価という権利構造のフレームでコモンズ問題をとらえ，これを実験という手法で検証した研究は，あまり例がないようである。
　たとえば Häikiö（2007）は，フィンランドの都市における環境政策の決定に参加する自他の正当性やその根拠となる価値の相互評価が，一般市民・行政職員・地方議員などのアクター間で食い違った事態を，インタビュー調査を通して描出した。一般市民と行政職員は，「自分たちは専門知識を持っている」

と専門性を根拠として，自らが政策を立案する正当性を高く見積もった。これに対して地方議員は，一般市民の専門性を低く見なして彼らの正当性を否認し，その一方で自分たちの正当性を，選挙で選出された制度的な代表性によって根拠づけた。この研究などは，コモンズの管理権をめぐる正当性の相互評価構造（図1-2参照）を調査的な手法で検証した例であり，本書の第2章3節（沖縄県の恩納村における赤土流出対策を焦点とする漁協・行政・一般住民の間での正当性の相互評価），ならびに第3章（内モンゴル自治区の牧草地の管理権をめぐる牧民・行政職員・都市住民の間での正当性の相互評価）で報告した事例も，Häikiö（2007）の手法に沿ったものである。

　これら調査的手法によって明らかになった権利構造のフレーム，すなわちコモンズの管理権をめぐる多様なアクター間での正当性の相互評価構造（図1-2参照）を，たとえば実験室で模擬的に再現する試みには，どんな意義があるのだろうか。まず，本書でこれまでに概説した正当性に関する知見を，より厳密に分析することが可能になる。正当性の相互評価構造が人々の間でどのような形で成立するのか，またその構造はどんな要因でどう変化するのか，あるいは多様なアクターそれぞれによる自他の正当性の評価は，どんな認知的過程となるのか。正当性に関するこうした疑問点は，沖縄県や内モンゴル自治区をフィールドとした調査結果を通して前章までに概説したが，正当性の相互評価構造を実験室に再現することで，さらに厳密な検証ができる。たとえば本書第4章2節で，迷惑施設をめぐる立地地域少数者と域外多数者の間では，情報の共有を前提に，2者が相互の価値観について直接的な議論をすることが重要と指摘した。では，実際に彼らが議論を行う前後で，相互の正当性に対する評価は実際にどう変化するだろうか。このような疑問を調査的手法で検討することはなかなか困難だが，実験室でコモンズの管理をめぐる複数のアクターと，彼らによる議論といった役割や場面を再現できれば，検証は容易になる。

　さらに，実験室で再現した正当性の相互評価構造を人々に模擬体験させることは，彼らに正当性の概念への注意を喚起し，コモンズをめぐる自他の権利承認のあり方について考察を深めさせる教育効果も期待できるだろう。いわば，正当性への「気づき」である。学校や職場など日常の文脈下で，私たちは自他に影響を及ぼす決定をしたりされたりする場面にいくつも遭遇しているはずだ

が，実際にそこで「決定権を持つべきは誰なのか，その権利の根拠は何か」という正当性について考慮に及ぶことは，あまりないだろう（上司の無能ぶりを前に「なんでこんな人が私に命令できる立場にいるんだろう？」と憤懣やるかたない方々は多いかもしれないが）。実験室で模擬的に構築した正当性の相互評価構造の中へ入ってみることは，人々が自他の正当性について考え，そのように正当性の問われる場面が自分の周囲そこここに実はたくさんあることに気づくうえで，有効な体験になるはずである。

　コモンズの管理権をめぐる多様なアクター間での正当性の相互評価構造を実験室内で検証すること，ならびに，正当性に対する人々の理解と考察を促す教育ツールを提供することの2つを目的として，星野（2002）に記載の訓練ゲーム"クルーザー物語"をもとに開発された参加体験型シミュレーション・ゲーミング"誰がなぜゲーム（Who & Why Game，以下WWG）"（野波，2011）を，以下に概説する。

　WWGの基本的な手順は，ゲーム上で設定された場面に登場するいくつかのアクターがプレイヤーに割り振られ，各プレイヤーはまず自他のアクターの正当性について主観的に順位づけを行い，その後，プレイヤー間で議論を行って互いの順位づけを比較し，最終的に全員が合意できる正当性の順位づけを作り出す，というものである。このゲームは，本書で既に述べた漁業資源（サンゴ礁）や牧草地といった伝統的なコモンズから，軍事基地や原子力関連施設などの迷惑施設の是非まで，複数のアクター間で正当性の相互評価構造が成り立つ多種多様な場面を扱うことができる。この章ではまず，わが国で報告された新石垣空港建設をめぐる多様なアクターの係争（熊本，1999）をモデルとした実施例を説明しよう。以下に紹介する実施例（パイロットケース）は，空港建設の是非を焦点として，地元住民・一般市民・環境団体員・行政職員というアクター4種の間での正当性の相互評価構造（図5-1）を想定したWWGの結果である。プレイヤーはアクター4種のいずれかに割り当てられ，空港建設の是非を決定する権利をどのアクターに認めるべきか順位化し，さらにプレイヤー間での討論を通して，その順位に関する合意形成を目指した。では，このパイロットケースをもとに，WWGの実際の手順と結果を以下に述べよう。

　WWGの場面と手順　　熊本（1999）の報告による新石垣空港建設にかかわ

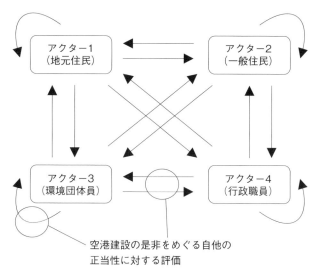

図5-1　WWGのパイロットケースで構築したアクター間での正当性の相互評価構造
このケースでは，自他の権利の正当性に対する相互評価が，4種のアクター間で成立する。これらのアクターの数と種類は，WWGで扱う事例に応じて変化する。

る白保地区住民と行政との係争事例をもとに，離島での空港建設の是非をめぐって以下のアクター4種がそれぞれ異なる立場から賛否いずれかの意見を表明するシナリオを作成し，プレイヤーに呈示した（図5-2）。

地元住民：空港建設に関与の深い立場から，反対を表明
一般住民：関与の深い立場から空港建設に賛成表明
環境団体：関与の浅い立場から反対表明
行政職員：建設推進を責務とする立場で賛成表明

　プレイヤーは4名1組で参加し，後述するゲームのステージ2から，上記4種のアクターいずれかの役割を割り当てられた。ゲームは以下の3つのステージに沿って進行する。

ステージ1：ゲームで用いるブックレットをプレイヤーに配布し，その紙面上に記載されたシナリオ（図5-2参照）を読了させる。各プレイヤーはその後，シナリオに登場するアクター4種について，空港建設の是非を決める権利を持つべきと考えられる順に，1～4位で順位化した。また，それぞれの順位の根

> **ある町に起こった問題**
> 離島のある町に,サンゴ礁の海と砂浜が広がっています。この海と砂浜の一部を埋め立てて,空港を建設しようという計画が持ち上がりました。
> ■この町で海の近くに住む地元住民は…
> 　海の近くに住む一部の地元住民は,海や砂浜が空港建設によって失われることを懸念しています。地元住民にとってこの海は,昔は魚や海草を採って生活の基盤としていた海であり,現在はそうした利用もなくなったものの,自分たちが子供のころから親しんだ海が埋め立てられることには強い抵抗があるようです。
> ■この町で海の近くに住まない一般住民は…
> 　しかし,空港が建設されれば観光客が増えると見こまれるので,海の近くに住んでいない多くの一般住民は歓迎しています。この町は観光が重要産業ですが,空港がないままでは交通や運輸にも不便が多く,地域住民は空港建設による町の活性化と自分たちの生活向上に望みをかけているようです。
> ■全国で活動する環境団体の人々は…
> 　一方,町の外では,全国に活動実績を持つ環境団体の人々が,世界的にも貴重なサンゴ礁が残るこの海の埋め立ては社会全体,地球全体の損害として,空港建設に頼らない別の方法による町の活性化を提案しています。環境団体の人々は専門家と提携し,くわしい情報をもとに自分たちの意見を裏づけているようです。
> ■全国の空港を監督する行政の人々は…
> 　町の外ではまた,全国の空港建設を監督する行政の人々が,離島の産業活性化や医療・福祉の充実に空港は不可欠であり,この町でも空港建設が重要とパンフレットなどで述べています。行政の人々は,全国様々な町の産業活性化を進めるために,空港を建設することが自分たちの責務との考えもあるようです。

図5-2　WWGのパイロットケースでプレイヤーに呈示したシナリオ
　　　WWGは社会的決定をめぐる多様な場面を設定することが可能で,ここに示したシナリオはあくまで一例である。

拠も,簡単に記述した。このステージにおける順位化とその根拠は,プレイヤーが各アクターの役割を割り当てられる前の,個人としての価値観に応じたものである。

ステージ2：プレイヤー4名は,各自のブックレット上の教示(「あなたは地元住民(もしくは一般住民,環境団体,行政職員)です」という一文)によって4種のアクターいずれかに割り当てられ,それぞれのアクターの立場から再度,4種のアクターの順位化とその根拠を記述する。各プレイヤーはこの時点で,先のステージ1で決定した4種のアクターの順位について,自分に割り当てられたアクターとしての価値観にもとづき,再考を求められることになる。

ステージ3：プレイヤー4名で約15分間の討議を行い,4種のアクターについ

てプレイヤー4名全員が同意できる順位を決定する。プレイヤーはまず，先のステージ2で各自がそれぞれのアクターとしての立場から決定したアクター4種の順位とその根拠を，相互に報告する。次に，全員が受容できる順位と根拠の構築を目指して，意見交換を開始する。自分と異なる価値観や視点を持った他のアクターとの意見交換を通じ，公共政策の決定にかかわる自他の正当性やその根拠について，各プレイヤーが考察を深めると期待できる。

WWGの実施例　パイロットケースのゲーム参加者は56名（すべて女性，平均年齢20.9歳）。大学での講義の一環として，多人数を対象にWWGを実施することになった。この場合，参加者を4名1組でいくつかのグループに分け，複数のゲームを並行的に進行させる。パイロットケースでは参加者56名が4名ずつ14のグループに分割された。これらのグループに対して，先述のステージ1～3を進める時間のみゲーム進行者が統一し，同一教室内で同時並行的に14のWWGを実施した。このように多数の参加者をいくつかのグループに分け，ゲーム進行者が各ステージを進める時間を統制しつつ，複数のゲームを同一の場所で同時進行させることが，WWGの基本的手順となる（後述する改訂版のWWG Ⅱも同様）。

すべての参加者を4名1組のグループに分けた後，ゲームのブックレットを4名分セットした封筒を，各グループへ配布した。ブックレットは，ステージ1～3のそれぞれでアクター4種を順位化し，その根拠を記述させるフォーマットを記載したものである（図5-3）。

参加者全員がブックレットを手元に置いたことを確認した後，グループごとの4名がプレイヤーとなってゲームを始めるように教示した。ステージ2および3の終了時（つまり，4名のプレイヤー全員による討議を行う前と後）には質問紙を配布して，アクター間の信頼性や正当性に関する相互評価を訊ねた。またゲーム終了後には，ゲームの感想を自由記述で求めた。ゲームに要する時間は，ルール説明や質問紙への回答を含め，およそ80分であった（質問紙を簡略化するなどによって60分程度で実施可能であり，後述のWWG Ⅱに比較してWWGは短時間で実施可能な簡易版として利用できる）。

全員での討議を通じた正当性評価の変化　ゲーム中，プレイヤー全員による討議の前後に配布した質問紙で，アクター4種間での正当性の相互評価を測

5-1 "誰がなぜゲーム"で正当性の相互評価構造を実験室に再現する

あなた自身が、多くの一般住民の一員として考えると…

順位	登場する人々	理由
	地元住民	
	一般住民	
	環境団体の人々	
	行政の人々	

グループ内の各メンバーによる順位づけ…

メンバー	さん		さん		さん		さん	
	立場	立場	立場	立場	立場	立場	立場	立場
地元住民								
一般住民								
環境団体の人々								
行政の人々								

グループで決まった順位づけ…

順位	登場する人々	理由
	地元住民	
	一般住民	
	環境団体の人々	
	行政の人々	

図 5-3 WWGのシナリオに登場するアクター4種を順位化し、その根拠を記述させるフォーマット
図の上段はステージ2で各プレイヤーがアクター4種のいずれかとしてすべてのアクターを順位化するフォーマット。そのステージ2で各プレイヤーが決めた順位をステージ3で相互に情報交換するためのフォーマットが下段左。これをもとにプレイヤーは討議を行って、ステージ3の終了までに下段右のフォーマットを完成させる。

第 5 章　自他の正当性を判断する模擬体験：トレーニング・ツールとしての"誰がなぜゲーム"

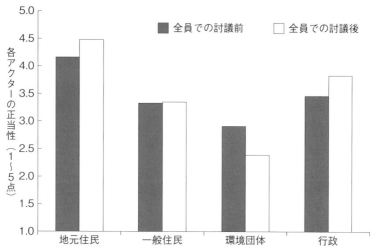

図 5-4　WWG（パイロットケース）における討議前後で見た空港建設の是非を決める各アクターの正当性（野波，2011 より筆者作成）

定した。図 5-4 はその結果である。討議の前後を通じて地元住民の正当性に対する評価が最も高く，逆に最も正当性を低く評価されたのは，環境団体の人々であった。地元住民と行政職員の正当性は討議後に評価が向上し，その反対に，環境団体の正当性に対する評価は有意に低下した。

　この結果からは，WWG におけるアクター全員での討議の効果として，次の 2 点が示される。第一に，アクター 4 種の正当性に対する評価の差異が，討議を通して明確になることである。討議前には地元住民の正当性が最も高く評価され，環境団体が最も低く，この 2 者の間で一般住民と行政職員の正当性はほぼ等しく評価された。しかし討議後には，地元住民・行政職員・一般住民・環境団体の順で，正当性の高低にはっきりした差が見られる。アクター間での討議を通じ，正当性を判断する際の相互の価値や根拠などについて情報交換がなされたことで，共通の判断基準がアクター間に確立され，その統一的な基準に沿って各アクターの正当性がより明確に段階づけられたと推測できる。

　第二に，討議の前後で地元住民と行政の正当性に対する評価が向上する一方，一般住民と環境団体の正当性は変化しなかった（もしくは，むしろ低下した）。アクター間での討議を経た後は，各プレイヤーが正当性を判断する根拠として，

地元住民の当事者性，あるいは行政の法規性といった認知的基盤や制度的基盤に，討議の前よりも多くの注意が払われるようになったと考えられる。環境団体の正当性は，環境問題への配慮という公益的価値から根拠づけられるであろうが，こうした価値に代わって当事者性や法規性など，別の価値に対する注視を高める効果を，アクター間での討議は及ぼすようである。

正当性とその判断基準の変化に対する気づき　WWGには，実験室内に模擬的に構築した多様なアクター間での正当性の相互評価構造を体験させることで，ゲーム参加者に自他の正当性やその評価過程に気づかせ，考察を深めさせる教育効果が期待される。これについて，ゲーム終了後に参加者に求めた自由記述から考察する。

WWGを通じてゲーム参加者には，正当性の判断とその基準が自分と他者とで異なることへの気づきが生じた。このことを示唆する自由記述の例は，以下のようなものである。

・「客観的な（個人としての）立場と，それぞれの立場（4種のアクターとして）とでは，順位も考え方もずいぶん変化するのだなと思いました」
・「自分がどの立場にいるかによって，順位がかなり変化することが分かりました。また，決める際に，海とどれくらい関わりがあるのかという視点で決めていったので，やはり，信頼性のある，つながりのある立場の人が上位にくることが改めて分かりました」
・「立場によってまったく意見が違うし，私は行政の人だったので，当然のように権利があると思っていました」
・「みんなの考え方や価値観のちがいをよく知ることができ，そんな考え方があるんだというような，自分にとって新しい考え方をディスカッションによってわかることができた」

ゲーム参加者は，WWGの中でアクターとしての役割を割り当てられたりアクター間での討議を進めたりすることで，正当性の判断が自分の中で変化したり，他のアクターによる判断との間で不一致が起こることを体感し，驚きと面白さを感じたようである。コモンズの管理権を持つべきは誰なのか，その正当

性の根拠は何かに関する他者の判断を知り，自分と他者に異同があることへの気づきを促すことは，WWG のトレーニング効果のひとつと言える。

　より重要なトレーニング効果として，WWG における討議を通じ，ゲーム参加者が自他の正当性を判断する基準に変化が生じることが挙げられる。これを示す自由記述は，以下のようなものである。

- 「地元住民＆環境団体を支持していたのだが，人の意見を聞くことで，地元住民＆一般住民を支持したいと思った。直接地域にかかわる人たちが一番参加する権利があると考え方が変わった」
- 「今までの考えとは違い，地元の人の気持ちを深く考えることができたと思います」
- 「どれかの一員になった時は，自分の考えを中心に考えてしまったが，皆で話し合ってからは，誰に一番被害があり問題と関係があるかを考えることが一番必要だと思った」

　ゲーム参加者による正当性の評価は，彼らに割り当てられたアクターに応じた価値や根拠などによって左右される。コモンズにかかわるアクターがそれぞれ異なる価値をもとに自他の正当性を評価することは，内モンゴル自治区での牧草地の管理権をめぐる牧民・行政職員・都市住民の間でも見られた通りである（第 3 章 3 節参照）。WWG におけるアクター間の討議は，それらの価値や根拠を変化させたわけである。たとえば上記の自由記述からは，アクター間の討議によって，ゲーム参加者の間で当事者性に準拠した地元住民の正当性を重視する傾向が高まったと推測できる。これは，ゲーム中の質問紙に対する回答を分析した先述の結果とも一致する（図 5-4 参照）。

　教育訓練ゲームとしての WWG の目的のひとつは，コモンズにかかわる多様なアクター間での討議を，人々に模擬体験させることである。上記の結果は，これに沿った重要な教育効果と指摘できる。

5-2 操作性を高めた改訂版"誰がなぜゲーム Ver.2（WWG Ⅱ）"

先に述べた WWG のパイロットケースでは，各アクターの正当性に対する評価において，プレイヤーの立場（それぞれが割り当てられたアクター）による差異が認められなかった。各プレイヤーは地元住民・一般住民・環境団体・行政職員というアクター 4 種のいずれかを割り当てられ，自己を含むアクター 4 種の正当性にそれぞれ異なった回答値をつけたが，各自が割り当てられたアクターに応じた差異は，見られなかったのである。これはつまり，割り当てたアクターへプレイヤーを同一化させるための操作が十分ではなかったことを示している。WWG でプレイヤーにアクターを割り当てる操作は，各自へ配布したブックレットに記載された「あなたは地元住民（もしくは一般住民，環境団体，行政職員）です」という一文を読ませるのみで，確かにこれだけでは各プレイヤーが自分のアクターに同一化するのは難しいだろう。

そこで，ゲーム上で割り当てられたアクターに対するプレイヤーの役割同一化を深め，実験・教育ツールとしての WWG の操作性を高めるため，WWG を改訂した"誰がなぜゲーム Ver.2"（Who & Why Game Ver.2，以下 WWG Ⅱ）を開発した。以下，WWG Ⅱ の概要と実施結果を報告する。

WWG Ⅱ の場面と手順 　WWG Ⅱ のパイロットケースでは，先述した WWG のパイロットケースと同様，新石垣空港建設の係争事例をモデルとしたシナリオを用いた。地元住民・一般住民・環境団体・行政職員というアクター 4 種とその意見も，WWG と同様である（図 5-1 および 5-2 参照）。

ゲームには 8～12 名が 1 組で参加する。4 名 1 組だった WWG よりもプレイヤー数が多いのは，後述のように，同一のアクターに最小 2 名（最大 3 名）のプレイヤーを割り当て，その中での意見交換を通じて，プレイヤーが各自のアクターに同一化を深めることを狙ったものである。なお各アクターのプレイヤー数を最大 3 名と設定したのは，人数が多すぎるとアクター内やアクター間での討議が複雑化し，ゲームの所要時間が過度に長くなるとの予測からである。WWG Ⅱ は，以下 4 つのステージに沿って進行する。

<u>ステージ 1</u>：プレイヤーは各自シナリオ（図 5-2 参照）を読了後，空港建設の是非

を決める権利を持つべきと考えられる順にアクター4種を1～4位で順位化し，それぞれの順位の根拠を記述した．先のWWGと同様，ステージ1では各プレイヤーにアクターが割り振られないので，ここでの順位化は個人としての判断である．

ステージ2：WWGと同様，プレイヤーはブックレット上での教示によってアクター4種のいずれかへ割り当てられ，それぞれの立場からこれらのアクターの順位化とその根拠を記述する．プレイヤーは8～12名なので，アクターにはそれぞれ2～3名ずつ割り当てられるが，このステージ2ではプレイヤー同士はコンタクトせず，各自で上記の判断を行う．これもWWGと同様である．

ステージ3：このステージは，割り当てられたアクターに対するプレイヤーの役割同一化を強化するため，WWGⅡで新たに追加されたステージである．先のステージ2で各アクターへ割り振られたプレイヤーは，同一のアクターに入った2～3名ごとにおよそ10分間の討議を行い，アクター4種の順位とその根拠について，アクター内での合意を作る（異なるアクターのプレイヤーとはコンタクトしない）．同じアクターに割り当てられたプレイヤー同士での意見交換と合意形成を通じて，プレイヤーが各自のアクターの立場に立った価値や視点を内面化し，同一化を深めると期待できる．

ステージ4：上述のステージ3では，アクター4種の順位について，同一アクターのプレイヤー同士が合意を作った．ステージ4ではさらに，異なるアクターにその結論を相互に報告して，これをもとにすべてのアクターが合意できる順位を決めるため，プレイヤー全員（8～12名）で20分の討論を行う．各プレイヤーは，自分たちと異なる価値を持つ異種のアクターとの意見交換を通じ，公共政策の決定権にかかわる4種のアクターそれぞれの正当性とその根拠について，考察を深めるだろう．

WWGⅡの実施例　講義の一環としてWWGⅡに参加した男女大学生より，391の有効データ（男性187名，女性204名）を得た．ゲーム参加者は教室に集合し，ゲームのルールについて説明を受けた後，8～10名のグループに分割され，ゲーム進行者の教示によってグループごとにゲームを開始した（グループが9名以上となった場合には，4種のアクターのいずれかに3名が割り当てられる）．先述のWWGと同様，同じ教室内で複数のWWGⅡが同時に進行する手順であり，ゲーム進行者は各ステージの進行時間のみ統制した（図5-5）．

図 5-5 WWG Ⅱ の実施風景(2012 年筆者撮影)
ステージ 4．プレイヤー全員によるアクター間での討議が始まった。教室内では別のグループ(写真奥)がいくつも同時並行でゲームを進めている。

　各グループにはゲーム開始時に，シナリオおよびアクター 4 種の正当性の順位を記述させるフォーマットを記載したブックレットが配布された。これらは WWG と基本的に同一の手続きである。なお WWG Ⅱ ではこれに加え，実際に新石垣空港建設に関する意見を公表しているアクターとして，白保地区住民の意見を野池(1995)より抜粋し，さらに石垣市商工会，WWF サンゴ礁保護研究センター，および沖縄県新石垣空港課の意見をそれぞれの HP などから抜粋・編集したうえで，プリントの形でシナリオとともにゲーム参加者へ配布した。これらのアクターはそれぞれ，ゲームにおける地元住民，一般住民，環境団体，および行政職員と位置づけられる。これら各アクターの意見を収録したプリントの配布は，ゲーム中にプレイヤーが自己の意見を決定したり，討議の場で意見を表明したりする際の参考資料として利用させると同時に，ゲームでの役割同一化を深める操作の一環でもあった。

ゲームのステージ3および4の終了時（アクター4種に割り当てられた8名のプレイヤー全員による討論の前と後）に質問紙を配布して，各アクターの正当性やその根拠などに関する評価を訊ねた。ゲームに要する時間は，ルール説明や質問紙への回答を含めておよそ100分であった。なおゲームの実施が講義の一環であったので，ゲーム終了後にはコモンズ管理と正当性に関する説明を行い，それとともにゲームの結果を踏まえた討論会を行った。これらの時間はおよそ70分であった。

全員での討議を通じた正当性評価の変化 図5-6は，プレイヤー全員による討議の前後における，アクター間での正当性の相互評価を示したものである。地元住民は環境団体員に対し，「空港建設に反対」という価値を共有するにもかかわらず，彼らの正当性を最も低く評価していた（図5-6上の●）。他方，一般住民は空港建設に賛同であり，地元住民と環境団体員にとっては正反対の意見である。しかし地元住民と環境団体員は，討議の前には一般住民の正当性を低く見なす傾向があったものの（図5-6上，一般住民の正当性における●と◇，1～5点でそれぞれ2.86および2.99と評価），討議後には一般住民への評価を向上させており（図5-6下，一般住民の正当性における●と◇はそれぞれ3.21および3.32，いずれも討議前より有意に向上），アクター4種の間で一貫して一般住民の正当性が（地元住民に次いで2番目に）高く承認されるようになった。さらに地元住民と環境団体員は，討議の前，自分たちと意見の異なる行政職員の正当性を他の3つのアクターよりも低く評価したが（図5-6上，行政職員の正当性における●と◇，それぞれ2.74および2.68），討議の後では評価を向上させた（図5-6下，行政職員の正当性における●と◇は2.89および2.94，いずれも討議前より有意に向上）。

総じて，空港建設に対する賛否の異同を問わず，正当性に対する自他の評価は地元住民が最も高く，次いで討議を経た後には，一般住民と行政職員への評価が向上する傾向を示した。環境団体員の正当性は最も低く評価された。

さらに，討議の前後でアクター間に生じた重要な変化として，正当性の評価がアクター間で一致するようになった点が挙げられる。討議前で見た場合，自他の正当性に対する評価は，アクターごとにばらばらである。たとえば地元住民によるアクター4種への評価は，討議前で見ると，地元住民自身（4.16）・

5-2 操作性を高めた改訂版"誰がなぜゲーム Ver.2（WWG Ⅱ）" 119

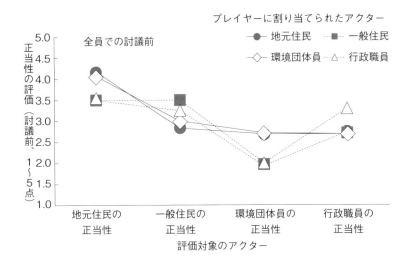

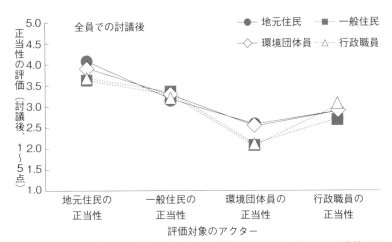

図 5-6 WWG Ⅱ（パイロットケース）における討議前後で見た各アクターの正当性（野波，2011 より筆者作成）

一般住民（2.86）・行政職員（2.74）・環境団体員（2.67）という順位だったが（図 5-6 上の●），行政職員による評価は，地元住民（3.57）・行政職員自身（3.32）・一般住民（3.28）・環境団体員（1.99）で（図 5-6 上の△），さらに環境団体員は地元住民（4.07）・一般住民（2.99）・環境団体員自身（2.72）・行政

職員（2.68）という順序で評価をつけていた（図5-6上の◇）。アクターごとに正当性の評価が異なる順序になったのは，WWG Ⅱにおいてプレイヤーを各アクターへ同一化させる操作が，うまく作動したということである。実験室内に異なる価値や視点を持つアクターを作り，アクター間での正当性の相互評価構造を構築するというWWG Ⅱの目的は，まず達成できたと言える。

　このようにばらばらだった正当性の評価が，全員での討議を経た後には，すべてのアクターが，地元住民・一般住民・行政職員・環境団体の順序で正当性を評価した。つまり，アクター間で正当性の評価が収束したのである（図5-6下参照）。このような収束が生じたのは，アクター全員で直接討議を行うことによって，相互の正当性を判断する価値や視点が共有化されたことによるのでないだろうか。全員での討議を経た後には，それまでアクター間でばらばらだった判断基準に代わって共通の枠組みが構築され，すべてのアクターがその共通の基準にもとづいて正当性の評価を行ったと考えられる。

　これらの結果からは，以下の知見が提起される。まず重要な点として，ゲームにおけるアクター4種間での正当性の相互評価を大きく左右したのは，空港建設への賛否という意見の異同ではなく，この問題に対する各アクターの関与の高低，言うなれば当事者性（第2章2節参照）であったことが挙げられる。当事者性の高い地元住民はもちろん最も正当性が高いと見なされ，さらに一般住民も，全員での討議の後には正当性の評価が向上した。この結果は，地元住民の正当性がアクター間での討議を経てさらに向上したWWGのパイロットケースとも一致する（図5-4参照）。地元住民と一般住民が，空港建設への賛否では正反対だったにもかかわらず，いずれも正当性を高く評価されるに至った背景には，この2つが空港建設の是非による影響の大きい，当事者性の高いアクターと見なされたことによるのではないだろうか。WWG Ⅱのパイロットケースにおけるアクター全員での討議には，各アクターに当事者性への注意を喚起し，それを正当性評価の基準としてアクター間に共有化させる効果があったようである。さらに，討議後では行政職員の正当性も高くなっており，しかもこの傾向は，行政職員と意見が正反対になる地元住民と環境団体員で顕著だった。意見の異同に代わる別の基準が正当性の判断を動かした経緯を，ここにも見ることができる。この場合は関与度ではなく，たとえば法規性（第2章

4節参照）に対する注意がアクター間の討議過程で喚起され，これが地元住民と環境団体員に共有化されて，正当性の評価を左右した可能性も挙げられる．

WWG Ⅱにおけるアクター間の討議が及ぼしたこれらの効果は，熟議民主主義（Johnson, 2008）の効果そのもの，と言える．多様な価値・視点・情報を持つ様々なアクターがラウンドテーブルで直接的に意見を交換する熟議の過程では，「視点の多元性」がもたらされ，各アクターが相互の価値観の異同に気づき，理解を深めることが期待される．WWG Ⅱにおける討議の過程でも，各自に割り当てられたアクターに同一化した——先述のように，アクターへの同一化を深める操作は成功した——プレイヤーから，それぞれのアクターに応じた価値や視点が提出され，そうして提出された多様な価値や視点の中から，各アクターが共通的に採用できる価値観や視点が選択されたと予測できる．

WWG Ⅱの実施結果からは，コモンズの管理権をめぐる多様なアクター間の正当性の相互評価構造が，アクター間での討議を通じて変化することが示された．WWG Ⅱにおけるアクター間の討議は，それぞれのアクターごとにばらばらだった正当性の評価基準を相互に一致させ，「誰が正当な管理者であるべきか，その根拠は何か」の判断に関する合意形成を促す効果がある．多様な価値や視点を持つ複数のアクター，そこに成立する正当性の相互評価構造，その構造に変化をもたらすラウンドテーブルの討議（熟議），それらの模擬体験を通じて人々に正当性についての思考を促し，公共政策をはじめとする政策決定にかかわる社会的ガバナンスへの注意を喚起するうえで，トレーニング・ツールとしてWWG Ⅱは大きな可能性を持つ．

5-3　地層処分場を焦点とした"WWG Ⅱ／NIMBY版"

WWG Ⅱは，利害や価値観の異なる多様なアクター間で正当性の判断に関する合意形成が問われた様々な事態，場面を取り上げることができる．上記のパイロットケースでは公共工事（離島の空港建設）に焦点を当てたが，たとえば第4章で概説した迷惑施設をめぐるNIMBY問題も，多様なアクター間における正当性の相互評価が問われた事態のひとつとして，WWG Ⅱで扱うことができる．ここでは，NIMBYの構造を持つ公共施設として，高レベル放射性廃棄

物の最終処分場（地層処分場）を取り上げた WWG II を紹介しよう。

　第4章2節の末尾でも少し触れたが，そもそも高レベル放射性廃棄物とは何であり，地層処分場とはいかなる施設だろうか。東京電力福島第一原発の事故に伴って大量に発生した汚染土壌などの放射性廃棄物は，たとえば福島県内では，その最終処分場（埋め立て施設）が立地のめどもつかないまま（2016年時点），2015年3月から一時的な保管場となる県内の中間貯蔵施設への搬入が開始された。この中間貯蔵施設の稼働も，「30年後に福島県外で最終処分場を設置すること」を前提にしているのだが，30年後までに福島県外で最終処分場を引き受けてくれる自治体が本当に見つかるのか，中間貯蔵施設を受け入れた自治体住民の不安は根強い（2014年8月30日付毎日新聞）。

　しかし実は，福島第一原発の事故以前から，放射性廃棄物は原発稼働に伴って恒常的に発生しており，その処理はわが国で大きな問題となりつつあった。わが国の場合，原発で使い終わった使用済み核燃料（要するに，ウランを燃やした燃えカス）からプルトニウムを取り出して再利用する核燃料サイクルの確立が国是である。しかし，この最も重要なカナメである高速増殖炉（プルトニウムを燃やす原子炉）の技術確立を目指した原型炉「もんじゅ」は長年にわたる稼働停止の末，2016年には廃炉が決定．高速増殖炉は実用化の見こみがなくなった。こうなると，全国の原発で一時的に保管されたままになっている使用済み核燃料が，行き場を失う。政府はフランスと提携して高速増殖炉ならぬ高速炉の開発を急ぎ，核燃料サイクルをなお維持する方針だが，たとえ核燃料サイクルが確立されたとしても，使用済み核燃料からプルトニウムを抽出（この工程を「再処理」という）した後の最後に残る，致死レベルの放射能を持つ廃液をなんとか処理しなければならない。これをステンレスのキャニスター内でガラスとともに固めたガラス固化体が，わが国で定義される「高レベル放射性廃棄物」である。ちなみに，核燃料サイクル政策をとる日本，フランス，イギリスなどに対し，これを前提としない米国やカナダなどでは，原発で発生した使用済み核燃料そのものを「高レベル放射性廃棄物」と定義している。わが国で2015年12月末までの原子力発電によって生じた使用済み核燃料をすべて再処理してガラス固化体にすると，約24,800本相当になるという（原子力発電環境整備機構 NUMO の HP より）。「相当」というのは，わが国では先述の

ように，使用済み核燃料の多くが未処理のまま各地の原発などに一時保管されているからで，つまり再処理さえままならない使用済み核燃料が，全国の原発に散在する現状なのである。再処理を行うわが国唯一の施設である青森県六ヶ所村の再処理プラントがトラブル続きで稼働が遅れていることも大きな要因だが，そもそも核燃料サイクルそのものが本当に実現可能なのか，採算性などの点から危ぶむ声も多い。

　高レベル放射性廃棄物は，何十年から何百年というスパンで放射能を持ち続ける，危険でやっかいな「ゴミ」である。これをどう最終処分するか，「深海に沈める」「宇宙に捨てる」などいろいろ考え出されたが，国際的な世論や技術的な限界からどれも不可能とされ，実現可能な手段として唯一残されたものが，地下深くの岩盤層に高レベル放射性廃棄物を埋め，人間の生活空間から完全に切り離して，放射能がおさまるまで数百年から数万年——原子炉内でウランの核分裂から生成される多様な放射能核種のうち，たとえばセシウム 137 の半減期は 30 年，プルトニウム 239 は 2 万 4,000 年——にわたり封印する方法，すなわち地層処分であった。現在，地層処分場はフィンランドで建設が始まったほか，スウェーデンとフランスでも建設予定地が内定している（フランスでは候補地の選定から実際の決定まで，国・県・町村，その他もろもろの関係機関も交えて 20 年以上の議論が重ねられた）。わが国でも，これまでにある自治体が地層処分場建設の調査受け入れ——建設そのものの受け入れ，ではない——を表明した例はあるが，住民の反対で撤回されている。

　福島第一原発の事故を受け，わが国で稼働中だった 54 基の原発（原子炉）は，2016 年時点でほとんど運転停止，一部は廃炉が決定した（鹿児島県の川内原発のみ稼働中）。この状況の中，原発の再稼働をめぐっては賛否さまざまな意見も交わされている。しかし再稼働の是非とはまったく別に，国内で初めて原発が稼働した 1963 年以来，数十年の間に既に発生してしまった放射性廃棄物の処理をどうするのかという問題へ，現在のわが国は直面しているのである。繰り返すが，この問題を解決する——つまり，放射性廃棄物が全国の原発に散らばっていることに伴うリスクとコストを減らす——すべは地層処分場の建設以外になく，したがって地層処分場は公益供給の点からわが国に不可欠な施設である。しかもこの公益は，現在の世代のみならず，将来世代のリスクと

コストを減らす点で，将来世代にとっての公益ともなる。現時点で地層処分場を建設しなければ高レベル放射性廃棄物の処理は将来世代にツケが回され，世代間不平等を生むのである（馬場，2002）。しかしその一方で，高レベル放射性廃棄物の搬入される地層処分場が，その立地地域に様々なコストを発生させる可能性も容易に予測できる。つまり地層処分場はNIMBYの構造を持った公共施設であり，わが国のどこかにこれを建設することの是非や，その決定を誰がどのような根拠から行うべきかをめぐり，政府・自治体・住民といった多様なアクター間で合意形成が問われる社会的な課題なのである。

野波・坂本・田代・大友（2013）は，地層処分場の是非を焦点とした正当性の相互評価構造をWWG Ⅱに導入し，"誰がなぜゲームⅡ／NIMBY版（WWG Ⅱ／NIMBY）"を作成した。この実施結果を，以下に報告しよう。

WWG Ⅱ／NIMBYの場面と手順　「ある町に，地層処分場の計画が持ち上がった」というシナリオと，この問題にそれぞれ異なる立場から関与する以下のアクター4種を呈示した。

町の一般住民：立地地域少数者の立場から反対表明
町の自治体行政：町の一般住民と同じく，立地地域少数者の立場から反対表明
経済団体：域外多数者の立場から賛成を表明
政府機関：建設推進を責務とする立場で賛成表明

ゲームの手順は先述のWWG Ⅱと同様で，4種のアクターいずれかの役割を与えられたプレイヤーはステージ1からステージ4まで，アクター内（ステージ3）およびアクター間（ステージ4）での討議を経て，自己を含むアクター4種のいずれが地層処分場の是非を決定する権利を持つべきか，相互の正当性評価に関する合意形成を目指す。参加者は大学生59名（すべて女性），8〜10名1組でゲームに参加し（合計7グループ），各アクターに2〜3名が割り当てられた。この7グループのおよそ半数（3グループないし4グループ）ずつを，以下に述べる2つの条件に組み入れている。

受益圏・受苦圏に関する情報量の効果　本書第4章3節で，NIMBY問題にかかわる立地地域少数者と域外多数者の間では，受益圏・受苦圏に関する情報量が正当性の評価過程に影響を及ぼす（特に，域外多数者に対して）可能性を概説した。そこで，WWG Ⅱ／NIMBYでも各アクターによる正当性の評価

に情報量の多少が影響を及ぼすのか，以下の2条件で情報量を操作し，検討を加えた．

情報量（多）　地層処分場による域外多数者への利益（放射性廃棄物の処理コスト低下，保管のリスク低下など）と，立地地域への不利益（放射線のリスク，風評被害による過疎化など）の両面について，ゲーム参加者の読了するシナリオ中に詳細な解説を記載した．

情報量（少）　シナリオ中に「地層処分場は，日本の多くの人々と立地地域の住民に，さまざまな利害をもたらす」との一文のみ加え，受益圏・受苦圏の利害に関する具体的な説明は記載しなかった．

WWG II／NIMBY における情報と討議の効果　図 5-7 は，アクター 4 種間での正当性の相互評価を，情報量の多少およびプレイヤー全員での討議前後で分けて示したものである．分析の結果，立地地域少数者となるアクター 2 種（町の一般住民，町の自治体行政，それぞれ図中の●と■）は，情報量の多い少ないに関係なく，ほぼ一貫して自治体行政の正当性を高く評価した．その一方で政府機関（図中の△），および域外多数者の側になる経済団体（図中の◇）は，情報量が少ない場合に限って，アクター間での討議後には自治体行政を高く評価する傾向を示した（図 5-7 右下）．しかし情報量が多いと，特に討議後，彼らは自治体行政の正当性を低下させていた（図 5-7 左下）．政府機関と経済団体は，地層処分場の影響に関する詳細な情報の有無によって，正当性の評価に差異が生じたことになる．

　NIMBY 問題に関与するアクターのうち，立地地域少数者は情報の多少に関係なく地元行政の正当性を高く評価する一方で，域外多数者となるアクターが地元行政の正当性を高いと見なすのは情報が少ない場合のみという結果は，第 4 章 3 節で示した知見とも一致する．特に，情報を与えられなかった域外多数者が，アクター間での討議を経た後に地元行政の正当性に対する評価を高めたことから，NIMBY 問題に関する立地地域少数者と域外多数者の討議は，両者が相互の利害に関する情報を共有したうえで行われなければ，立地地域少数者の正当性のみ評価する形で合意形成がなされやすいとも考えられる．

　これと同じ傾向は，同じく地層処分場を焦点とした WWG II／NIMBY で，経済団体に代えて国民多数者を入れ，地元住民と地元自治体（いずれも地層処

126　第5章　自他の正当性を判断する模擬体験：トレーニング・ツールとしての"誰がなぜゲーム"

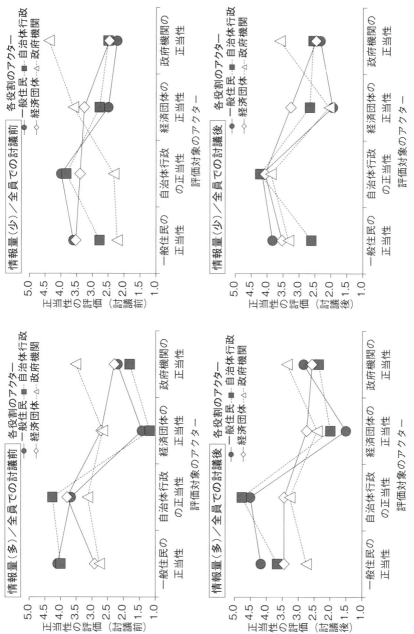

図5-7　WWG II／NIMBYにおける情報量（多）（少）それぞれの条件での全員での討議前後で見た各アクターの正当性

5-3 地層処分場を焦点とした"WWG Ⅱ/NIMBY版"　127

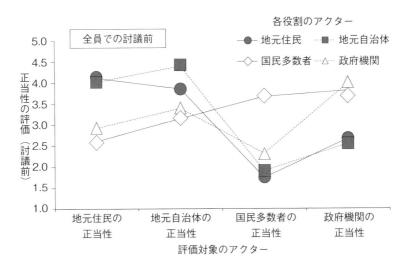

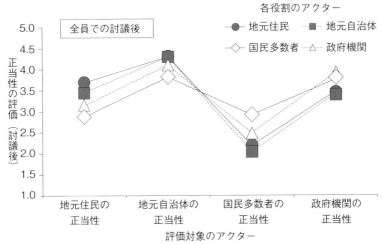

図5-8　国民多数者を入れたWWG Ⅱ/NIMBYにおける全員での討議前後で見た各アクターの正当性

分場の建設に反対), 国民多数者と政府機関 (いずれも地層処分場の推進に賛成) という4種のアクターによる正当性の相互評価を検討した場合でも見出された (野波・坂本・大友・田代, 2014)。このケースでは図5-8に見るように, 全員での討議を行う前の国民多数者と政府機関は, いずれも政府機関の正当性

を最も高く見なす傾向を示した（図5-8上）。しかし討議を経た後，国民多数者と政府機関は，地元自治体の正当性に対する評価を向上させた（図5-8下）。これにより正当性の評価は，地元自治体・政府機関・地元住民・国民多数者の順序となって，アクター間でほぼ収束した。つまりこのケースでも，アクター間での討議を通じて立地地域の行政の正当性を高く位置づける経緯が発生している。

地層処分場のようなNIMBYの構造を持った公共施設を論じる際に，その候補地の住民による理解と信頼が重要であることは言うまでもない。その意味で，地元住民や地元自治体の正当性が最も重視されるべきであることも当然である。しかし，立地地域少数者と域外多数者の間で，地層処分場が双方に及ぼす影響についての情報が共有されないまま討議が行われ，そこで導き出された「地元の正当性が第一」という合意は，はたして妥当なのだろうか。そこに消極的当事者主義（第3章4節参照）が発生している危険は，ないと言えるだろうか。

第4章1節で述べたように，迷惑施設が域外多数者に及ぼす影響は可視化されにくく，対照的に立地地域の人々の利害に及ぼす影響は直接的で，可視化されやすい。このため，アクター間で相互の利害に関する正確で具体的な情報が乏しい場合には，可視化が容易で直観的に理解されやすい立地地域の人々の利害情報のみが，アクター間で共有される可能性が高い。情報が乏しい状況下でアクター間の討議が行われれば，こうした傾向はよりいっそう顕著になるかもしれない。そうなれば，多くのアクターが偏った情報にもとづいて正当性の判断を行う結果をまねきやすい。

ここで概説したWWG II／NIMBYは参加者が少数（60名前後）のケースばかりなので，ゲームの結果をそのまま現実の地層処分場をめぐる議論にあてはめることはできない。しかし，地層処分場に関与する様々なアクターのうち，たとえば候補地の人々と国民の多数者が，地層処分場の是非によって自他の利害に及ぼされる影響を相互に理解し，まずそうした情報の共有を前提としたうえでの討議を通じて，そこから先にお互いの価値や視点の共有化をはかるという手順の重要性は，ここであらためて指摘しておいてもいいだろう。Johnson (2008) が述べるように，将来世代まで含めて非常に広い範囲の人々に影響を及ぼす地層処分場のような公共施設は，直接の利害関係者や専門家や行政だけ

でなく，一般市民も参加した協議を前提に決定を進めることが重要なのである。1963年に東海村で原子力発電が開始されて以来，原発の是非がほとんど政府と地元の協議のみで決められることが半世紀にわたり続いた末，2011年にわが国で何が起きてしまったか。地層処分場を焦点としたWWG Ⅱ／NIMBYの実施結果は，迷惑施設の是非をめぐる決定過程に域外多数者の側が参加する手段と機会を，社会的にも法的にも整えることの重要性を突きつけているようにも思える。

5-4　WWG および WWG Ⅱ の有用性

　WWG およびその改訂版 WWG Ⅱ は，コモンズの管理制度や公共政策の是非を決定する権利をめぐって多様なアクター間に構築される正当性の相互評価構造と，その状況下における正当性評価の合意形成過程を，実験室内に再現するゲームであった。いくつかのパイロットケースよりその目的は達成でき，WWG と WWG Ⅱ は正当性の評価過程を人々に模擬体験させるツールとして有効であることが確認できた。

　本章で紹介したパイロットケースでは，「離島での空港建設」および「高レベル放射性廃棄物の地層処分場」という2つのシナリオと，これらの問題にかかわる地元住民——その中にも利害や意見の異なる多様な人々がいるわけで，空港建設をめぐる地元の人々を「地元住民」「一般住民」という2つのアクターに分けたのはその例である——や環境団体，自治体行政と政府機関，経済団体と国民多数者といったアクターを設定した。これらは，このゲームが扱い得る様々な問題，アクターのほんの一例であり，シナリオとアクターの設定次第でWWGとWWG Ⅱは，複数のアクター間で正当性の相互評価が問われた多種多様な状況を再現できる。

　たとえば，本章で報告したWWG およびWWG Ⅱでは正当性の評価基準として，ゲーム上の問題に対するアクターの関与度，すなわち当事者性が重視される結果となった。しかし，実社会におけるコモンズの管理制度や公共政策の決定場面では，関与度とは無関係に，法規的あるいは政治的に定められた権限を持つアクターが決定すべきとの意見が出される場合も多い。Häikiö (2007)

において選挙にもとづく制度的な代表性による自らの正当性を主張した地方議員，第3章で紹介した内モンゴル自治区における行政職員（図3-4参照，政治的な強制力に依拠して自らの正当性を主張）などはその例である。本章のWWGおよびWWG IIにおいて，制度的基盤にもとづく正当性を持つアクターは行政や政府機関であったが，当事者性が重視された結果，これらのアクターは正当性を低く見積もられることが多かった。本章で紹介したWWGとWWG IIでは，各アクターの制度的基盤についてルール上で特に定めておらず，したがってプレイヤーが自己を含む各アクターの制度的基盤にあまり注意を向けなかったためであろう。しかし，実社会で人々が公共政策の決定権について判断を行う際には，制度的基盤に依拠した思考フレームも，影響を及ぼすはずである。したがってWWGおよびWWG IIでも，正当性の基盤として個々人が主観的に判断する当事者性や信頼性といった認知的基盤のほかに，主観的な判断を排して人々の判断を収束させる制度的基盤を導入し，たとえばJiménez-Moya, Navarro-Mantas, Willis, Nonami, & Rodríguez-Bailón（2015）のように「実績はゼロだが制度的に決定権を承認されたアクター」と「実績は十分だが制度的に承認されていないアクター」を同一のシナリオの中で設定したり，あるいは「制度的な決定権はないが多数者が支持する政策を述べるアクター」と「制度的に決定権を承認されているが多数者が支持しない政策を執ろうとするアクター」を設定するなど，いわば「制度・法規性バージョン」のWWGおよびWWG IIを作って，こうしたアクターの正当性いずれが高いとプレイヤーは判断するのか，またその判断はプレイヤー自身が割り当てられたアクターによって違いがあるのか，などを検討することも可能である。

　研究および教育ツールとしてのWWGおよびWWG IIが持つもう1つの有用点は，多様な価値を持つアクター同士の討議場面を設定し，それによって正当性の相互評価構造が変化する過程を，観察・測定できることである。アクター間での討議を通じて各アクターの正当性評価にどのような変化が生じるか，その変化はアクター間でどれほど収束（あるいは乖離）するか，こうした過程を調査にもとづく手法などで明らかにすることは難しい。さらに，その場に参加している人々に正当性への「気づき」を促したり，正当性を評価する基準や価値における自他の異同に気づかせたり，正当性の評価が自他で変化する過程を

5-4 WWG および WWG II の有用性

体験させその後に振り返って考えさせたりといった教育・訓練の効果を目指すことは，実社会の文脈下ではなおいっそう困難である．参加体験型のシミュレーション・ゲーミングによって正当性を検討する意義は，まさにこの点にある．

　WWG II の教育効果について，ゲーム参加者のコメントを紹介しよう．原子力発電環境整備機構（NUMO）という特殊法人がある．地層処分場の情報普及と建設事業推進を行う組織である．わが国では「地層処分場」という言葉すらなかなか周知されず，まして建設事業の推進など困難きわまりない状況であろうことは想像に難くないが，その中で何とか地層処分場の建設を目指す専門機関である．この組織に属する方々に，地層処分場をシナリオとする WWG II／NIMBY を実施する機会に恵まれた．いわば地層処分場のプロたちが，自分たちが事業を推進する地層処分場の是非を焦点として，自分たち自身である「政府機関」のほか，日ごろ自分たちが接する「地元住民」「識者」「国民多数者」という計4つのアクターに入ったのである．NUMO の職員や理事の方々をはじめ関係者40名あまりが参加したゲームの後，そのプロたちから以下のようなコメントが寄せられた．

- 「他種多様な意見・スタンスが出ることに少し驚いた（同じ目的に向かっている職場であるにもかかわらず…）」（男性,「地元住民」）
- 「いかに人の考えは一致しないか実感できた．ゲームとはいえ，考え方を変えるのはむつかしいものだと感じる」（男性,「国民多数者」）
- 「人により考え方，前提の置き方が違っていることがわかり，同じステージ・レベルにして議論をすることの重要性が分かった」（女性,「識者」）
- 「自分の考えが正しいと思っていたが，他人の考えとその理由を聞くことで，納得させられることがよくあると分かった．反対に，反論はできないけど何となく納得できないこともあると思った」（男性,「地元住民」）
- 「折り合いをつけることは難しいのではないかと思ったが，相手（他者）の意見をまず聞いて，相手（の立場）を受け入れることで，合意（折り合い）を見つけることもできると思えた」（女性,「政府機関」）
- 「地層処分場を題材にしていただいていると聞きましたが，このゲームを通じるとより身近に考えてもらえるのではないかと感じた．一方的な

説明だけではない対話の在り方だと思った」(女性,「識者」)
- 「それぞれの意見に一理ある。立場が変われば言うことが全く違うことを実感した。自分の意見を曲げない人たち同士で話をすると，なかなか意見がまとまらないと思う。非常に面白いゲームだった」(男性,「国民多数者」)

いかがであろう。地層処分場を知悉し，その情報普及を業務とする人々も，WWG Ⅱ／NIMBY への参加を通して，「立場が変われば意見も変わる」「意見を変えることは難しい」「同じステージ・レベルで話をすることが大事」「一方的な説明ではない対話のあり方」等々，つまりは正当性を判断する基準や価値がアクターによって異なること，そしてそれを一致させるうえでの情報の共有と，アクター間での対話・討議の重要性に気づくようである。

既に述べたように WWG および WWG Ⅱ は，シナリオやアクターの設定を変えることで，多種多様な係争場面における正当性の相互評価構造を扱うことができる。つまり，行政から企業，学校などにおける様々な社会的決定の場面を設定するためのプラットフォームを提供する，汎用性の高いフレームゲームなのである。身近な場面を題材としながら人々に自他の正当性，権利と義務についての考察を深めさせるトレーニング・ツールとして，高い教育効果が期待できるのではないだろうか。

第6章
正当性の枠組みを通して見えるもの：
多数者が参加することの意義

　本書では，海や牧草地などのコモンズ，あるいはNIMBY構造を持つ軍事基地や地層処分場といった公共施設を取り上げ，これらの管理権や決定権をめぐって多様なアクター間に発生する正当性の相互評価について，いろいろな角度から検証してきた。本章ではそれらのまとめとして，居住地域や経済的利害の異なる広範なアクターを含むグローバルな社会的文脈と，小規模なコミュニティの中で人々がお互い顔を見ながら生活を営むローカルな状況それぞれの中で，正当性という概念に着目することの意義を，あらためて問い直してみたい。特に，コモンズとは無関係と見られがちな人々，関心のうすれがちな人々，コモンズをめぐる決定過程から排除されがちな——あるいは，参加することを自ら放棄しがちな——人々，つまり非当事者（もしくは域外多数者）と呼ばれる人々の正当性について，その重要性を考察してみよう。

6-1　多数者の参加機会を作る重要性：関心は敬意の手がかり

　本書で焦点となった「コモンズをめぐる正当性」は，最近のわが国では主に環境社会学の分野で研究がさかんである。これらの研究は，現地での観察や当事者への聞きこみ，あるいは古文書の文献調査などを通じて，魚介類や森林といった海河山野の資源管理にかかわる多様な人々の正当性，その起源や変容の過程について明らかにしてきた（たとえば熊本，1999；菅，2005, 2006；赤嶺，2006；矢野，2006など）。
　コモンズの適正管理をめぐる正当性の研究が多数なされたのは，経済のグローバリゼーションによってコモンズにかかわる人々が多数かつ多様になり，

従来は見られなかった問題が各国で多発し始めたことも背景にあるだろう。たとえば熱帯雨林で，現地の農民が焼畑などの伝統的な利用を続けていたところへ，外部の企業が輸出用の木材を求めて商業伐採に入ってくる。彼らが去った後，さらに別の地域の農民が入りこみ，伐採跡地を換金作物の栽培地に作り替える。かくてとどめを刺され収奪されつくした大地は赤裸になり，熱帯雨林は消滅する。政府が国立公園に指定して保護をはかった熱帯雨林は伐採を免れるが，そこに暮らしていた農民は，村が国立公園に入ったために新たな水田の開拓もできず道路や電気などのインフラ整備も難しくなる——タイ北部で生じた深刻な森林破壊とその対策の顛末が，これである（藤田，2008）。輸出用の木材，換金作物といった資源の恩恵は，熱帯雨林に直接のかかわりを持つアクターのみならず，より広範な——「輸出用」ということは国境も超えた範囲の，もちろん世界有数の木材輸入大国であるわが国も含む——人々にまで及ぶ。熱帯雨林が生み出す資源の価値はグローバル化し，直接・間接を含めて従来は含まれなかった多様なアクターが熱帯雨林というコモンズに関与し始め，その中でどのアクターが熱帯雨林の管理権を持つべきなのか，その権利は何によって根拠づけられるべきか，アクター間で相互の正当性が問われる。アジア各地でこうした事態が頻発し始めたことが，わが国でコモンズをめぐる正当性の研究が興隆した理由のひとつでもあるのだろう。

　グローバル化の波を押しとどめることはできない。ローカルなコミュニティのレベルで利用・管理されていたコモンズに，国境すら超えて多様なアクターが参入していく潮流は，今後さらに加速するだろう。のみならずわが国でも，公共政策や迷惑施設の是非などが従来のように行政と「地元」の2者間で決定されるのではなく，広範な多数者を含む多様なアクターが決定過程へ参加する傾向となっている（第1章1節参照）。広範な多数者とは公共政策や迷惑施設と無関係な非当事者ではなく，それらが供給する公益を受け取る重要なアクターなのだと考えれば，彼らが決定過程へ直接間接に参加するパスも開かれてしかるべき，なのである。

　しかしここで，ひとつの疑念が生じる。たとえばNIMBY構造を持つ迷惑施設の是非をめぐって，多数者がその決定過程に参加することは，果たして本当に「望ましい結果」につながるのだろうか。そもそも何をもって，「望まし

結果」と考えればよいのだろうか。

　迷惑施設の是非をめぐって，行政と立地地域少数者に加え，域外多数者にまで合意形成過程への参加が承認されれば，アクターの数や種類が増え，全体での合意が阻害される可能性が高まるだろう。参加するアクターをどこで線引きするのか，その線引きを行う権利は誰（何者）に認めるのか——などと，そもそも本題の議論に入る前に余計な議論が起こるかもしれない。しかし，在日米軍基地の事例で検討したように（第4章2節参照）で，迷惑施設の是非に関心の低い域外多数者を放置したまま，一部のアクター（たとえば行政，あるいは行政と立地地域少数者の2者）のみによって決定がなされる経緯は，公正で望ましい手続きとは言えない。このような手続きの下では，域外多数者の関心が低いまま立地地域の人々に迷惑施設が押しつけられる事態となりやすい。関心を低下させた域外多数者が立地地域少数者と相互作用することもなく，2者が相互に分離した事態が成立するよりは，時間や手間がかかっても両者の議論による合意を探ることのほうが望ましい。地層処分場のように影響が広範囲かつ世代間に及ぶ施設なら，現時点では時間も手間もかけて，多様なアクターによる議論をしておくことが，いっそう重要である（Johnson, 2008）。立地地域少数者による迷惑施設の受容過程に焦点をあて，行政への信頼や手続きの公正さ（手続き的公正）の重要性を示した研究はわが国にも多い（たとえば広瀬・大友，2014；大友・大澤・広瀬・大沼，2014）。しかし域外多数者の動向も，立地地域少数者による迷惑施設の受容に影響を及ぼすのではないか。立地地域少数者と域外多数者との相互作用に，もっと焦点を当てるべきではないだろうか。

　とはいうものの，やはり現実に，域外多数者は迷惑施設の是非に関心が低くなりがちである。どうやって彼らを議論の場に引っ張り出すのか，立地地域少数者や行政と同じテーブルに臨ませるのか，まずその問題がある。迷惑施設に対する域外多数者の関心を高める手段のひとつとして，本書では受益圏・受苦圏の利害に関する情報の普及を提起した（第4章3節参照）。迷惑施設は立地地域少数者のみならず域外多数者の利害にも——間接的であり，見えにくくはあるが——影響を及ぼすのだから，こうした影響について詳しい知識を得ることで，域外多数者は迷惑施設と自分たちとの関連性を理解し，自身を非当事者の立場から当事者へと認知的にシフトさせる。域外多数者の関心を高める情報

の効果は，このように説明できる。

　ところがここでまたひとつ，危惧が生じるのである。上記の経緯で迷惑施設への関心を高めた域外多数者は，迷惑施設によって自分たちが享受する利益（公益）を重視する戦略的思考を発生させ，特定地域への迷惑施設の立地を支持する――つまり，特定地域に迷惑施設を押しつける意図が発生し得る。本書の第4章3節で概説した実験の結果は，実際にこれを支持するものであった（図4-4参照）。域外多数者がこうした戦略的な思考を発生させた場合，立地地域少数者との間でかえって係争が激化する懸念もある。

　そもそも，迷惑施設の是非をめぐって立地地域少数者から域外多数者に怒りや不満が起こりやすいのは，迷惑施設の内包するNIMBY構造が，それぞれ受苦圏，受益圏と定義される立地地域少数者と域外多数者の間に利害の不均衡を発生させ（第4章1節参照），この不公平がネガティヴな情動反応につながるからである（Walster, Walster, & Berscheid, 1978）。ところが，利害の不公平に伴う人々のネガティヴな反応を喚起するのは分配結果の不公平ではなく，その分配の意図性が問題なのだという報告がある（Falk, Fehr, & Fischbacher, 2003；堀田・山岸，2008）。"最後通告ゲーム"と呼ばれる資源分配ゲームの1種を用いたFalk et al.（2003）の実験を紹介しよう。この実験では，資源の分配を命じられたプレイヤー（分配者）が，自分自身ともう1人のプレイヤー（受け手）との間で，10ポイントを分ける提案を行う。実験参加者は受け手のプレイヤーとして，分配者の提案を受け入れるか，拒絶するかを決めるのである（拒絶した場合，受け手は自分の取り分を失うが，分配者の取り分もチャラにできる，つまりどっちも取り分を失う）。分配者は常に自身へ8ポイント（受け手に2ポイント）を配分する不公平な提案を行うのだが，その提案を行うまでの経緯が，以下の2条件で操作された。分配者にはまず，分配の選択肢2つが呈示され，第一の条件（意図なし条件）ではその選択肢が2つとも"分配者8ポイント＋受け手2ポイント"であり，分配者には選びようのない状況であった。第二の条件（意図あり条件）では，"分配者8ポイント＋受け手2ポイント"および"分配者と受け手いずれも5ポイント"の2つが呈示され，分配者はいずれかを選べる状況下で，前者の選択肢を提案したのである。意図なし条件における不公平な提案は分配者自身の意図によるものではなくやむを得な

されたもの，意図あり条件では分配者が自発的な意図で不公平な配分を選択した提案として，受け手に理解される。受け手が提案を拒否する割合は，前者の意図なし条件で18%，後者では44%と大幅に増加した（Falk et al., 2003）。どちらの条件でも分配結果が不公平であることは同じだが，その分配にかかわる意図性によって，受け手の行動が大きく変わるのである。

わが国における在日米軍基地や原発などの是非にかかわる政策は，政府あるいは自治体といった行政機関の決定に委ねられる場合が多い。域外多数者は，行政機関が決定した政策を呈示され，その政策を受容することで，結果的に立地地域少数者に負担が偏在した状況が成立する。個々の域外多数者が自らの意図で立地地域少数者に負担を強制するわけではなく，また行政機関の決定を個々人が修正することも困難である。米軍基地や原発の是非をめぐって域外多数者が置かれたこの位置は，先に示したFalk et al. (2003)の意図なし条件における分配者と同様であり，非意図的と言える。したがってこの場合，Falk et al. (2003)に沿って考えれば，立地地域少数者から域外多数者へのネガティヴな反応は発生しにくいことになる。しかし実際には，たとえば米軍基地が集中する沖縄県では，日本政府や米国政府のみならず，本土の人々に対しても強い怒りが表明される（山腰，2011）。立地地域少数者から域外多数者に向けられるこうしたネガティヴな情動反応は，非意図的に発生した分配の不公平という枠組みからは説明できない。

先述のように，行政機関の決定を個々の域外多数者が修正することは難しく，多くの場合は決定をそのまま受容する以外に選択肢がない。特に，迷惑施設をめぐる決定に関しては域外多数者の関心が低下し，その決定の是非について熟慮しようとの意図も低下しやすい。このとき域外多数者は，迷惑施設が自他にもたらす影響を積極的に思考したうえで他に選択肢がないため非意図的に（やむを得ず）行政の決定を受容するのではなく，積極的な思考そのものを放棄した結果として，受容に至る。この場合の域外多数者は，非意図的ではなく，むしろ無関心と見なすことができる。域外多数者はこの結果，迷惑施設の負担が立地地域少数者に偏る構造的な不公平によって自身の負担が軽減するだけでなく，そうした負担の偏在を精査する認知的コストまで節約できることになり，立地地域少数者との格差が最大化する。

これと対照的に，域外多数者が迷惑施設の是非を精査したうえで，Falk et al.（2003）の意図なし条件における分配者のように，自らの自発的意図を反映させにくい状況の中で非意図的にその政策を受容した場合には，分配結果の不公平はあるものの，その構造的な不公平について熟慮する認知的コストは負担したことになる。この場合の域外多数者は上記のような無関心ではなく，非意図的な受容を行ったと言える。無関心による受容と非意図的な受容は，行政の決定を受け入れるという結果そのものは同じだが，認知的コストの有無が異なり，意図性も異なると評価されるだろう（関心を向けるかどうかは，個々の域外多数者が自発的に決定できる事項だからである）。

　さらに，域外多数者が立地地域少数者に向けて謝意ないし謝罪を表明する場合はどうだろうか。青木・鈴木（2008）では，ダム建設をめぐって立地地域の水没地権者が，下流域の人々からの感謝の呈示で，反対から推進へと意見を転換させた事例が報告される。またMcCulloughら（McCullough, Worthington, & Rachal, 1997；McCullough, Rachal, Sandage, Worthington, Brown, & Hight, 1998）は，加害者から被害者への謝罪が被害者の共感（empathy）を喚起し，加害者への寛容性（forgiveness）を促進するという共感－寛容のモデルを報告した。このモデルに沿って考えると，迷惑施設をめぐる域外多数者からの謝罪によって，立地地域少数者から域外多数者への共感が高まり，怒りや不満などのネガティヴな情動反応も低下すると考えられる。

　以上を踏まえると，迷惑施設をめぐる域外多数者の立場には，迷惑施設に伴う様々な負担が立地地域少数者に集中する構造について，(1) その情報を精査しようとしない「無関心」，(2) 情報を精査したうえで他に選択肢がないため受容する「非意図的」，(3) 立地地域少数者に謝罪を表明する「謝罪」，という3つのケースが想定できる。このうち，立地地域少数者による怒りや不満が高まるのは，(1) の域外多数者に対してである，と予測できる。これを検討した実験結果を，以下に紹介しよう（野波・田代・坂本・大友，2016）。

　実験では「A県S町にある廃棄物最終処分場（ゴミ焼却場）には，A県内の大都市からゴミが運ばれる。これについてS町の住民が，その大都市の市民の意見を，新聞紙上で読む」というシナリオを設定した。実験参加者（男女大学生177名）には，「S町に住む学生」という立場——つまり立地地域少数者

——の立場から,このシナリオを読了するように求めた。

シナリオ上ではまず,迷惑施設が立地地域少数者と域外多数者の利害にもたらす影響として,ゴミ焼却場がS町の住民にもたらす負担(ゴミ焼却のにおいやトラックの騒音など)と,その一方でA県全体にもたらす公益(S町以外の市ではゴミ焼却のにおいやトラックの騒音がなくなる,など)が記述された。次に,これらの情報を呈示されたうえで大都市の住民が意見を述べる場面が続くのだが,このときの大都市の市民の意見が,無関心・非意図的・謝罪表明・情報なしという4つの条件で操作された。(1) 意見(無関心)の条件における市民の意見は,「あの町のゴミ処理場の問題?時間がないので読んでられないです。ごめんなさい,また今度」といった3種が記載され,(2) 意見(非意図的)では,「よくわかりました。わかったけど……あの町のほかにはゴミをもっていく場所もないじゃないですか」,(3) 意見(謝罪表明)では「よくわかりました。この状況はつらいですね。あの町の人たちのことを考えると,本当に申し訳ないです」などであった。(4) 意見(情報なし)では,市民の意見が呈示されなかった。

図6-1は,立地地域少数者としての実験参加者が大都市の市民に対して示したネガティヴな情動反応(怒り・不満)である。立地地域少数者の怒りと不満は「無関心」の条件で最も強く,他の3つの条件と比べて有意な差があった。「非意図的」・「謝罪表明」・「情報なし」の3条件間には,差は見られなかった。謝罪の表明で特に立地地域少数者の怒り・不満が低下することはなかったが,無関心な域外多数者に対しては立地地域少数者のネガティヴな情動が強まったことになる。また図6-2は,立地地域少数者の情動反応に影響を及ぼす要因として公平性と共感性,ならびに関心推測を取り上げたモデル分析の結果である。立地地域少数者はまず,域外多数者が迷惑施設の是非にどれほどの関心を持っているかを推測する。これが,自分たちと域外多数者の利害の公平性についての評価である公平性評価と,域外多数者の意見に対する共感である共感性評価を促し,この2要因が域外多数者への情動反応を規定するというパスが明らかになった。共感性評価による影響は特に強く,立地地域少数者の情動反応を大きく規定するのは,迷惑施設をめぐる分配結果の不公平そのものよりも,その不公平に関する域外多数者の意見への共感であった。

140　第6章　正当性の枠組みを通して見えるもの：多数者が参加することの意義

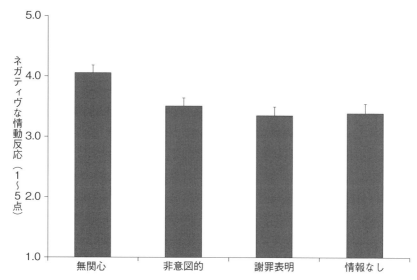

図6-1　立地地域少数者から域外多数者へのネガティヴな情動反応（怒り・不満）（野波ほか, 2016より筆者作成）

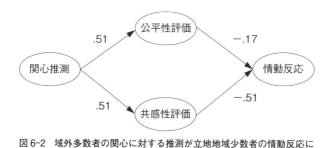

図6-2　域外多数者の関心に対する推測が立地地域少数者の情動反応に及ぼす影響（野波ほか, 2016より筆者作成）
図中の数字は標準偏回帰係数。公平性評価と共感性評価から情動反応への負のパスは，これら2要因の評価が低下すると情動反応は逆に高まることを示す。公平性評価のパスよりも，共感性評価からのパスのほうが，影響が大きい。

　域外多数者の関心が高いと認知すれば，立地地域少数者は彼らへの共感を高め，怒りや不満といったネガティヴな情動反応が抑制される。その逆に，関心が低いと認知されれば共感は低下し，怒りや不満が高まるのである。このように，迷惑施設に対する域外多数者の関心を，立地地域少数者が重視するのはな

ぜだろうか。

　リーダーや行政といった権威者が何らかの決定を行うとき，人々はその決定を受け入れるか否かの判断にあたって，決定に至る手続きの公正性（手続きにおいて特定の個人的な利害が抑制されているか，関係者すべての関心や価値観が反映されているか，など）を重視する。これは，決定の過程で権威者が自分たちに敬意を払ったか，人々がそれを確認するためであるという（Lind & Tyler, 1988；Tyler & Lind, 1992；Smith & Tyler, 1996）。迷惑施設の是非が問われた場面でも，その決定を行う政府や自治体といった行政機関に対し，立地地域少数者は自分（あるいは自分の所属集団）を彼らが尊重していることの確認を求め，決定手続きの公正性に注視する。一方，迷惑施設の是非に関する決定には立地地域少数者と行政のほか，公益を享受する域外多数者も直接間接に関与する。しかし既に述べたように，域外多数者は行政の決定を呈示される側のアクターであり，立地地域少数者に対して公正な手続きを保証する立場にはない（その保証を行うのは行政機関である）。したがって立地地域少数者が域外多数者からの敬意を確認する手がかりとして，手続きの公正性を用いることはできない。この場合，迷惑施設によって立地地域少数者と域外多数者の間に不公平が生み出されることへの関心の高さ，すなわちそうした不公平な構造が必要とされる根拠や他の選択肢の検討も含め，域外多数者が相応の認知的コストを負担して熟慮する意図の呈示が，立地地域少数者にとって域外多数者からの敬意を推測する手がかりになるのではないだろうか。迷惑施設をめぐる社会的決定の過程で，立地地域少数者は行政機関ならびに域外多数者からの敬意を確認するため，それぞれ手続き的公正および熟慮意図に注視すると結論できる。

　ここから得られる重要な示唆は，迷惑施設をめぐって立地地域少数者と域外多数者の間で利害の不公平そのものが解消されなくても，その構造的な不公平について域外多数者が熟慮する意図を示すこと（つまり，高い関心を持っていると示すこと）で，立地地域少数者からの共感性の評価が高まり，怒りや不満の低減，域外多数者に対する受容，さらに迷惑施設そのものの受容が促進される可能性もある，ということである。NIMBY問題における立地地域少数者と域外多数者との合意形成を促す際には，迷惑施設が両者にもたらす利害の分配

について域外多数者が精査する意図を，立地地域少数者の側に示す場を作ることが重要なのではないだろうか。

　この示唆には，次のような疑念も伴う。高橋（2012）は，あるアクターの利益が別のアクターのコスト負担のうえで成り立ち，後者のコスト負担が通常隠されるか，もしくは公益達成のうえでの「尊い犠牲」として美化される構造を「犠牲のシステム」という概念で説明した。戦前・戦中の「靖国」とは国家が犠牲を美化する仕組みであり，同様に福島・沖縄も公益達成のための犠牲であったとされる。この主張をもとに考えると，迷惑施設をめぐって域外多数者が関心を持つことを立地地域少数者に示し，それを両者の合意形成のキーとする経緯は，立地地域少数者のコスト負担を「尊い犠牲」として美化することと同義ではないかという疑念が生じる。たしかに，立地地域少数者と域外多数者の間の構造的な不公平を是正しないまま，域外多数者がその不公平について熟慮する意図を立地地域少数者の側に示すのみで，NIMBY問題が根本的に解決されるものではない。「犠牲のシステムそのものをやめること，これが肝心なのだ」と高橋（2012）が述べる通り，原発も米軍基地も，そもそもないほうがよいのは当たり前である。しかし現実的な議論として，原発も米軍基地も即座に消し去ることが不可能であるなら，「犠牲のシステム」が不可抗力的に成り立ってしまうことを踏まえたうえで，それに対して域外多数者が無関心であるよりは非意図的であったほうが，両者の合意が成り立つ可能性は高い。繰り返すが，立地地域少数者の怒りや不満が高まるのは非意図的な域外多数者に対してではなく，無関心な域外多数者に対してなのであり，両者の相互作用が成り立っていないことが問題なのである。

　迷惑施設に関する合意形成を検討した内外の研究には，行政機関と立地地域少数者，もしくは行政機関と域外多数者の相互作用を論じたものが多く（Gladwin, 1980；Wolsink, 2000；Hsu, 2006；広瀬・大友，2014；大友ほか，2014），立地地域少数者と域外多数者との相互作用に対する言及は少ない。大澤・広瀬・大沼・大友（2014）はフランスで地層処分場の候補地が選出される経緯を記録し，その過程で政府組織その他の関係機関，市民団体，専門家，建設候補地の住民などが意見交換を行う場を持ったことを報告している。域外多数者と立地地域少数者の双方を含む多様なアクターが相互作用を行ったことを示す記

載だが，その内容に関する詳しい分析はなされていない。こうした傾向は，実際の社会的場面における迷惑施設の是非が，主として行政機関と立地地域の人々との交渉から決定され，域外多数者の関与が少ないことを，反映したものかもしれない。

しかし受益圏と受苦圏の対立構造が包含される迷惑施設の是非を論じる際には，受苦圏に入る立地地域少数者の意思決定に，受益圏となる域外多数者の動向も，何らかの影響を及ぼすと考えたほうがいいはずである。たとえばわが国で原発などの決定場面では，行政機関が立地地域に交付金を付与するなどの形で，利害上の不公平の改善が図られることが多い。しかし，行政機関が不公平の改善を図っても，その構造的不公平に対して域外多数者が無関心なままでは，立地地域少数者から域外多数者への怒りや不満なども低減しないし，そもそもこうした事態そのものが，「当事者」と「非当事者」の分断を深めるのではないだろうか。

Johnson（2008）によれば，将来世代を含む多様な人々への影響が大きい地層処分場をめぐる協議では，利害関係者や専門家のみならず一般市民の参加も重要とされる。利害も価値も異なる多様なアクターが直接討論を重ねる熟議の場では「視点の多元性」（換言すれば価値観の多様性）がもたらされ，多数決よりも良質な意見や決定が導かれやすいという（第4章2節参照）。意見や価値観の異なる他者との熟議は，異なった価値観を持つ他者の視点を通じて，個々人に自己の価値観への内省と修正を促すと考えられるが，このことは特に，保護価値（protected value）を持つアクターにとって重要であろう。保護価値とは「他の価値とのトレードオフから保護された価値」（Baron & Spranca, 1997）と定義され（つまり，個人にとって他の価値と交換できない価値を指す），それを持つ個人は，異なる価値観の受容が困難になる。ただし保護価値は，それ自体が十分な内省や他の価値との比較を重ねたうえで形成されたものではない可能性が指摘される。そのため，保護価値を持つ個人が多様なアクターとの熟議を通じて相互の価値観に関する情報交換を行うことで，保護価値に代わり得る別の価値に気づく，あるいは価値のトレードオフの可能性を考慮する，といった新たな志向性が促進されるかもしれない。既に述べたように，ダム建設をめぐり反対の立場だった水没地権者が，下流域の住民との接触を通じて自発的に

ダム早期完成の要望書を提出するに至った事例は，立地地域少数者が保護価値に替わる新たな価値へ注視し始めた事例と言えるかもしれない（青木・鈴木，2008）。

　迷惑施設の決定過程に域外多数者の参加を承認すれば，アクターが増大することで一時的には全体での合意が阻害される可能性もあるが，長期的に見れば，立地地域少数者と域外多数者を含む各アクターが相互の価値観を収束させ，より多数にとって受容可能な結論を導出できる可能性も高い。関心の低いアクターを放置したまま，一部のアクターのみによって一元的な決定がなされる状態に比較すれば，多様なアクター間での熟議から導出された決定は，その内容いかんにかかわらず，より多くの人々にとって受容可能性が高いという点でより良い決定であり，「望ましい結果」であると言える。ただしその際，域外多数が無関心であっては，立地地域少数者にとって自分たちに敬意を払わない人々と評価され，両者の合意は困難となる。迷惑施設の是非を精査しようともしない無関心な域外多数者は，精査した結果として迷惑施設を是認することになった域外多数者よりも，立地地域少数者からの共感を得にくいのである。

　迷惑施設が立地地域の人々のみならず広範な人々の利害に影響を及ぼすように，森・川・海といったこれまでローカルなコミュニティの中で維持されていたコモンズも，経済・流通・情報のグローバル化によって広範な人々の利害に影響を及ぼす構造へ組みこまれつつある。迷惑施設の是非やコモンズ管理にかかわる決定に，域外多数者の動向を反映させる重要性は，ますます大きくなるだろう。本節で概説した実験は大学生を対象とした仮想シナリオ法であり，ここで述べた示唆がどこまで妥当であるかは疑わしい。だとしても，これまで検討例の少ない立地地域少数者と域外多数者との相互作用に焦点をあててみることの重要性は，明示されたのではないだろうか。

6-2　正当性の抑制がコミュニティを破壊する

　突然だが，マンションの話である。集合住宅で起こりがちな問題のひとつに，ゴミ出しのルール遵守がある。「24時間いつでもゴミ出しOK」式ではなく，ゴミの種類ごとに曜日が決められ，敷地内の一角にある専用のゴミ捨て場へ出

しておくマンションの場合，たとえば生ゴミなどは当日の朝に出すのがルールである。しかし往々にして，前日や前々日の夜などに出す住民がいて，夏の時期などたちまち臭いがたつしハエも湧く。ゴミ捨て場は汚れ，他の住民から苦情が出る。マンションの自治会がすぐに対応して，ルールを破った住民を特定し，その人に注意を与え，一件落着——となればいいが，そう簡単にはいかない場合も多い。マンションはコミュニティである。数十戸内外の小規模なマンションなどは，住民同士がみんな顔見知り，他に引っ越すことも簡単にいかず，顔見知り同士の住民が長期にわたって固定化される点で，小さな村落といったおもむきも帯びてくる。このような中で，マンション専用のゴミ捨て場は村落のコモンズと同質となり，ゴミ捨て場を清潔に，住民の誰もが気持ちよく使えるように維持することは，コモンズの管理そのものとなる。ここで重要なのが，ルールから逸脱したゴミ出しを行う住民への対応である。住民同士が顔見知りのマンションでは，ルールを破った者の特定化も容易だが，にもかかわらず（あるいは，だからこそ）当の相手に注意がしづらく，かえって対処が厄介になる。「マンション内の人間関係を壊したくない」などの配慮，気遣いが作用するからである。名指しでの注意はせず，住民全体に向けてルール遵守を呼びかけるなどの対処で終わらせることも多いのではないだろうか。

　コモンズの管理や迷惑施設の是非などが焦点化したコミュニティ内で，他の人々が得ていない個人利益（選択的利益）を獲得する個人は，フリーライダーと定義できる。牧草地の管理をめぐって集落内でフリーライダーが問題視されることもあり（第3章1節，図3-1参照），上記のように集合住宅でフリーライダーへの対応が問われることもある（この場合，ゴミ出しのルールから逸脱した住民は，当日の朝まで生ゴミを自宅に保管しておく手間を省いている）。コモンズの適正管理が問われる多種多様な場面で，フリーライダーへの対処は常に根幹的な問題である。

　集団内にフリーライダーが発生した場合，その統制や排除に向けた行動意図が，人々の間で高まる。つまり，フリーライダーの統制や排除を行うことに関して，コミュニティの中で合意が成立しやすいはずである。しかし住民間のネットワークが稠密な（つまり，人間関係の濃密な）コミュニティの中で，個々の住民がフリーライダーの統制や排除に向けて動くことは，実際には困難であろ

う。そうした行動は、コミュニティ内における住民間の相互信頼などを低減させると予測できるからである。また、自分がフリーライダー統制のために行動すれば、その相手から報復を受ける可能性もある。つまりフリーライダーの統制・排除は、コモンズの適正管理において不可欠な行動でありながら、コミュニティ全体にとっての、あるいはその行動をとった個人自身にとってのコストをもたらすと予測されるゆえに、人々から敬遠されがちとなる。本来であれば住民たちは、コミュニティ内で発生したフリーライダーを統制する自己の正当性を高く見積もるはずなのだが、コミュニティ全体や自分自身にとってのコストへの考慮から、自己の正当性を抑制すると予測できる。

　コミュニティにおける正当性の抑制——自他の正当性に関して、その認否の主張を回避すること——とも言える現象は、本書で紹介した事例調査の中でも、副次的にいくつか見ることがあった。沖縄県の恩納村における赤土流出（第2章3節参照）、米軍普天間飛行場（第4章2節参照）の移設先である名護市の漁協の対応、同じく名護市の東海岸における防波堤をめぐっての「地元」の区の対応（大友・田代・野波・坂本, 2016）、そして内モンゴル自治区のとある牧民集落で金属鉱山に水を売る牧民への対応。これらのコミュニティの中で、正当性の抑制が示唆された人々の発言を、いくつか紹介しよう（以下の事例における発言・回答は、すべて筆者が個別のインタビューを行った際に収録したものである）。

事例1：禁漁期のルール逸脱と赤土流出問題（沖縄県恩納村）
　恩納村の事例では、村内で赤土流出の防止策が焦点化していた（第2章3節参照）。その流出源である開発業者への対応と、恩納村漁協の中で禁漁期の規制から逸脱して漁を行う組合員への対応を示す発言が、以下である。

　　「漁協の中で一人だけ他人より儲けている人がいても、"アイツはいま子どもが大学だから頑張っている、大変だねえ"となる」（回答①）
　　「一人だけ頑張って儲けているヤツがいても、なぜ頑張っているかの理由がお互いにわかる。だから、漁協の中で儲けているヤツを見ても誰もうらやましいとか思わない、逆に"大変だねえ"と思い、誰もそれを真似しよ

うとしない」（回答②）

(いずれも漁協の正組合員，男性)

「（恩納村では）赤土の排出源が村内の農家でなく，外部の土建屋さん，開発業者だったから，漁協や観光業者もケンカがしやすかった．自治体に赤土流出の規制を法制度化させたり，その運用を厳しく監視したり」（回答③）

(赤土流出問題に携わる域外在住者，沖縄県在住，男性)

　回答①②は恩納村漁協の正組合員による発言だが，漁協内での一部の組合員によるフリーライド（禁漁期中の操業）について，本人が望んで行ったのではなく，やむを得ない状況での行為，いわば外的要因にもとづく非意図的な行為であると見なしている．それと対照的に回答③は，村内のイノーというローカル・コモンズへコミュニティ外のアクターが関与することに，強い拒絶が現れやすいことを示している．

事例2：普天間飛行場の移設をめぐる漁協の対応（沖縄県名護市，辺野古地区）
　名護市（沖縄本島北部）は，南北に細長い沖縄本島の西海岸と東海岸の両方の海岸線を持つ自治体だが，西海岸は名護市の市街地を中心に開発が進み（かつて沖縄海洋博が開催されたのも名護市の西海岸），これに対して東海岸はインフラの整備や産業開発が遅れた地域である．2016年現在，この東海岸に位置する辺野古地区（辺野古崎）へ普天間飛行場の移設が進められている（第4章2節参照）．移設の経緯で，名護市の沿岸部に漁業権（漁業者個人の権利ではなく，漁協が権利主体となる共同漁業権）を設定する名護漁協の組合員が補償金の受け取りに同意し，これによって移設計画が大きく前進した．名護漁協のこの対応について，沖縄県内で米軍基地の問題を調査する研究者からの発言が，以下である．

「狭い島の中で人間関係が濃くて，ものが言えない．漁業では食べていけない．一説には（名護漁協の組合員に）1,000から1,500万の補償が出る．食べていけない現状も理解できるから，沖縄の人は同じ島民として，（漁

業者に）面と向かっては反対できない」（回答④）
(米軍基地の問題に携わる域外在住者，沖縄県在住，男性）

　第4章で述べた通り，沖縄県の在日米軍基地は，特に基地周辺に居住する住民に対して騒音や治安の悪化など，直接的なコストをもたらす迷惑施設である。しかしその一方で，上記の回答④が示すように，基地の移設，造成によって利益を得るアクターも一部に存在する（米軍基地の問題について，沖縄全体を一枚岩と見る単純な視点は誤った結論を生みやすい）。名護漁協の対応は，米軍基地のコストを県内の他者に負担させ，それらの人々が得ることのできない利益を自らが獲得するフリーライドであるとも言える（もっとも，名護漁協が辺野古崎の埋め立てに同意しなければ普天間飛行場の移設は進まず，宜野湾市に固定されたまま市内で騒音や事故の不安が発生し続けることになり，これもまた大問題である）。そもそも辺野古崎の沿岸から50メートルの海域は米軍基地（キャンプ・シュワブ）の敷地とされ，漁業従事者は漁どころか立ち入ることさえできず，日本政府から名護漁協に一定の漁業補償がなされてきた。回答④にある「一説に1,000から1,500万の補償」とは，この漁業補償とは別に，埋め立てや岩礁破砕などによる漁業資源への影響を算出したものである。しかし回答④からは，県内の住民は名護漁協の対応をやむを得ない状況下での選択と見なし，非意図的な行為として黙認する傾向が高いことが示唆される。恩納村の事例における回答①②と同様である。

事例3：防波堤の造成をめぐる「地元」住民の対応（沖縄県名護市東海岸）
　先に述べた名護市の東海岸に面したある地区で，住民の要望にもとづき，塩害防止と高潮対策のために天然の砂浜——ウミガメの産卵地で，地区内の学童らが教員の指導で観察を行い，またこの地区の海岸沖合はジュゴンの生息地として有名である——をコンクリートで固め，防波堤を造成する計画が立案された（大友ほか，2016）。以下の発言は，その地区内で開催された防波堤建設の計画説明会に，地区外から参加したある個人が印象を語ったものである。

　「（防波堤は）区長の要請。住民は，かげではあれこれと反対意見を言う。

図6-3　牧草地に隣接して操業する鉱山・金属精錬工場（シャンド鎮郊外，2014年筆者撮影）

ただ，表立ったところでは何も言わない，言えない。人間関係の濃い所なので，何か言うと圧力がかかる。……（私が）意見を出そうとすると，"外の者が口を出すな，自分たちのものをどうしようと勝手だ"と言われてしまう」（回答⑤）

（防波堤建設にかかわる域外在住者，沖縄県在住，女性）

回答⑤もまた，先に挙げた回答③と同様，コモンズの管理に対してコミュニティ外から関与しようとするアクターに，コミュニティ内の住民が強い拒絶反応を示すことを明らかにしている。その一方で住民は，コミュニティの中ではコモンズの管理に関して多様な意見を出し合って議論することを避ける傾向があるとわかる。防波堤の建設は「地元」の住民の要望ということだが，実のところ本当に住民の総意としてなされた要望だったのだろうか。

事例4：金属鉱山に水を売る牧民への対応（内モンゴル自治区の牧民集落）

　第3章2節で調査対象地とした内モンゴル自治区シリンゴル盟，ショロン・フフ旗のシャンド鎮郊外で，ある集落（ガチャー）の牧草地に隣接して鉱山・金属精錬工場が操業している（図6-3）。ここからの煤煙を浴びた草や，工場周辺に散乱するビニールなどのゴミを牛や羊が食べてしまい（図6-3のように，家畜が草を食べる牧草地に柵ひとつ隔てただけで鉱山が操業しており，煤煙もゴミもあたりの牧草地にまき散らし放題である），よく太ってくれなかったり，病気になったりといった被害が出ていた。ところで，鉱山や工場には水が必要だが，第3章1節で述べたように内モンゴル自治区は乾燥した内陸性気候のため水が乏しい。広大な草原のただ中にある鉱山へ遠く水源地から水道をひくインフラは整っていない。そこで鉱山側は，近隣のガチャーで井戸を持つ牧民と交渉し，水を買うのである。水を売る牧民は個人的な利益を得ることができるが，水を確保できた工場はあたりの家畜，牧民たちに被害をまき散らし続ける。つまり前者の牧民は，後者の牧民たちにフリーライドしていることになる。これについて，鉱山に隣接するガチャーの牧民に話を聞いた。

　　「（自分では）鉱山に水は売ってない。一番東の世帯が以前は売っていた。
　　何というか，人には生活があるから。間違ったことだと聞いてもいるが，
　　考えたことはない」（回答⑥）

　　　　　　　　　　　　　　　　　　　　　　（鉱山近隣のガチャー住民，女性）

　コミュニティの中で発生したフリーライダーに対し，周囲の個人はその行為が「人には生活があるから」といったやむにやまれぬ事情から発生したものと見なして，それ以上の追及を回避しようとする。回答⑥に見られるこの傾向は，回答①②，あるいは回答④と同様である。

　これらの事例が示すように，コミュニティ内でフリーライダーが発生しても，ある場合には人々はそのフリーライドがやむを得ない事情の結果であると帰属し，非意図的な行為と見なす。そして，コミュニティ内でフリーライダーの統制・排除はすべきでない（あるいは，したくない）と黙認する（回答①②④⑥）。コモンズの管理をめぐって，コミュニティ内の人々はフリーライダーを統制す

る権利を持つ（マンション内でゴミ出しのルールを守らない住民に注意なり警告なりを与えることができるのは，そのマンションの住民が組織する自治会である）。水資源や森林資源といった共有資源をコミュニティが長期的に適正管理する8つの制度原則を提唱したOstrom（1990）は，そのうち5番目に"違反に対する段階的な制裁（Graduated sanctions）"を挙げる。ルールを逸脱した者には，その逸脱の深刻さや背景事情に応じて，コミュニティ内で段階的な制裁が課されるようになっていることが必要なのである。段階的な制裁の中には，そもそもまず制裁を加えられない段階，つまり黙認される段階もあり得る。ここで紹介した事例では，住民たちがフリーライダーを処罰する自らの正当性を抑制し，黙認の形にして，フリーライダーの統制・排除に向けた行動を顕在化させないように努めているとも見える。こうした正当性の抑制は，なぜ生じるのだろうか。

　考えられる理由のひとつは，コミュニティ内の人間関係や相互信頼を維持させるため，というものである。人間関係や相互信頼とは，住民にとってはそれを通じて日常の様々な便宜が成り立つ社会的な資源（社会関係資本という）の一種であり，減衰してしまうと――つまり，コミュニティ内で人間関係が険悪になると――自分のみならず住民全体がお互いに困ることになる。相互信頼をはじめとする社会関係資本はそれ自体が住民にとって必要不可欠な公共財であり，コモンズのひとつと位置づけられる。本節で述べたフリーライダーは禁漁期を破る者，米軍基地や鉱山など多くの住民に負担をかける施設から利益を得る一部の者だが，住民がこれらのフリーライダーを統制しないのは，そうすることによってコミュニティ内の相互信頼というもうひとつのコモンズを維持しようとするためだ，と考えることもできる。

　もうひとつの理由は，フリーライダーからの報復とその回避である。固定化された住民同士の長期的な関係が続くコミュニティでは，フリーライダーに何らかの統制を行った場合，そのフリーライダーもまた，長期的な関係の中に組みこまれた一員であるから，統制を加えた人々に報復する機会を持ち続けることになる。つまり，住民の流動性が低いコミュニティにおけるフリーライダーへの統制には，その統制を行った側が，のちのちフリーライダーから報復されるリスクを伴う。コミュニティの中で社会的勢力の強い個人がフリーライダー

であった場合など，このリスクはさらに高まるだろう．先に挙げた回答⑤の例で「区長の要請，何か言うと圧力がかかる」という内容からは，報復を予測し回避を図る住民が，表立って意見を主張しなくなる状況が推測できる．

このようにコミュニティ内ではフリーライダーへの統制・排除がなされにくい一方，回答③および⑤で見られたように（「外部の開発業者だったからケンカしやすかった」「外の者が口を出すな」「自分たちのもの」などの回答内容），コミュニティ外部からのコモンズへの関与に対して，人々は強い拒絶を示す．内モンゴルの事例でも，コミュニティ内で牧民は他者のフリーライド的な行為を黙認する一方，牧草地の管理をめぐっては，行政や都市住民といった外部のアクターが牧草地に関与する正当性を否認し，自分たちが管理する正当性を主張した（第3章2節参照）．

コミュニティ内ではフリーライダーを統制・排除する自らの正当性を抑制する住民が，コミュニティ外に対しては正当性を強く主張し，外部からのコモンズへの関与を排除するのである．住民にとって，コミュニティ外からの関与を排除するのは，そのように行動してもコミュニティ内の社会関係資本に影響が及ぶ可能性が低く，また自分たちが何らかの報復を受けるリスクも低いと見なしているからではないだろうか．

コモンズの管理や迷惑施設の是非をめぐるコミュニティ内での正当性の抑制，コミュニティ外に対する正当性の主張という2つの行動が生み出す事態について，考えてみよう．

海河山野といった自然財，つまり共有資源（CPRs）の管理をめぐってコミュニティの住民に上記2つの行動が広がった場合，フリーライダーの統制・排除が難しくなり，外部からの干渉も拒絶されるのだから，資源枯渇のリスクが高まると予想される．またこのことは，単にある地域社会のローカル・コモンズが崩壊するというだけにはとどまらない．本章1節の冒頭で述べたように，経済のグローバル化はローカル・コモンズにかかわる人々を広範かつ多様にし，それは同時に，ひとつのコモンズが多様な価値を帯びる過程でもあった．重層性を帯びたコモンズの出現である（佐藤，2002；宮内，2006）．大友（2012）は，本節で簡単に紹介した事例3（名護市東海岸沿いのある地区で，ウミガメの産卵地やジュゴンの生息地となっている砂浜に，住民の要望でコンクリート

の防波堤を造成）を分析する過程で，「地元」で生活する住民の塩害・高潮対策というローカルな問題が，希少生物保護のグローバルな問題と連動している意味をとらえ，グローカル・コモンズという語句を提唱した。経済用語のグローカリゼーションとは，世界的展開を目指す企業が各地域の文化や法律に沿った製品やサービスを提供すること——わが国におけるマクドナルドのハンバーガーは日本人に合わせた味とボリューム，衛生基準で提供される——だが，大友が提唱したグローカル・コモンズの意味は，ローカルなコモンズの管理が，そのコモンズの内包するグローバルな価値にも影響を及ぼす関係を示したものである。「地元」の住民が，グローカル・コモンズを管理する正当性は自分たちのみにあると主張して外部からの関与を拒絶し（先述の回答⑤に示される"外の者が口を出すな，自分たちのものをどうしようと勝手だ"という主張），その一方でコミュニティ内では自分たちでフリーライダーを統制する正当性を抑制し続けることになれば，ローカル・コモンズが崩壊するにとどまらず，そのコモンズが内包していたグローバルな価値までも消滅することになる。

　コモンズの管理にあたって「地元」の住民の意向や要望が大切なのは，もちろん当然である。しかし，「地元」のみを優先することが当然であるという考え方（いわば当事者至上主義）によって，グローバルな価値を持つコモンズがローカルな人々の意向のみで管理される事態は，現代において果たして妥当なのだろうか。"外の者が口を出すな，自分たちのものをどうしようと勝手だ"という意見の妥当性を，よく考えてみる必要がある——世界経済に影響を及ぼしかねない決定がギリシャやイギリスの国民投票だけに委ねられてよいのか，と問いかけることと同じように（第1章1節参照）。

　迷惑施設をめぐってはどうだろう。コミュニティ内での正当性の抑制と，コミュニティ外に対する正当性の主張を住民の多くが採用した場合，先述の回答⑥で見られるようなコミュニティ内のフリーライダー（迷惑施設のもたらすコストをコミュニティ内で他者に負担させ，その負担を上回る利益を獲得する一部の人々）の統制が困難となる。その結果，コミュニティ内の人間関係や相互信頼といった社会関係資本は維持されるが，一方で迷惑施設はそのままコミュニティにコストをもたらし続け，住民全体の負担は軽減されない事態となる。つまり，コミュニティ内で人々が社会関係資本という公共財の維持や，フリー

ライダーからの報復の回避を意図して正当性を抑制した結果，コミュニティ全体では迷惑施設に伴う負担が軽減されないというジレンマが生まれる。

　沖縄県の在日米軍基地をめぐっては，基地周辺に居住する人々に騒音や事故のリスク，治安の悪化といったコストが及ぶ半面，米軍に私有地や公有地を貸与することで軍用地料を得る「基地地主」「軍用地主」と呼ばれる人々や自治体の存在がある。沖縄県の県民総所得に占める基地関連収入（軍用地料のほか，軍雇用者所得など）の割合は4兆1,211億円に対して約2,088億円，5％程度とされる（2016年5月22日付琉球新報デジタル版）。しかし重要なことは割合ではなく，実額で年間2,000億円以上——そのうち軍用地料は2015年度統計で986億円，基地関連収入全体の半分近く——になる基地関連の経済的利益が「基地地主」など一部の人々や自治体に集中し，他方ではそうした利益がないまま基地のもたらす様々なコストのみを負担する不特定多数の人々がいるという，コミュニティ内の不公平なのである。沖縄県軍用地等地主会連合会の統計によると，軍用地料の収入は年間300万円以下という地主が80％だが，1,000万円以上も3％，なかには年間20億円以上（！）という地主も存在する。反面，沖縄県の完全失業率は2014年度統計で5％（本土3.3％）平均年収は327万円（本土468万円）と落ちこんでいる。「過重な米軍基地の存在は，道路整備や計画的な都市づくり，産業用地の確保等，地域の振興開発を図るうえで大きな制約」（沖縄県公式HPより）との主張が正しいならば，米軍基地が県内の失業率を高め平均年収を押し下げることがたしかであるとして，その一方で，基地によって経済的利益を集中的に獲得する一部の人々・自治体の存在を生み出し，不公平な構造を作りだしているのである。この構造において，"一部の人々・自治体"は，コミュニティにおけるフリーライダーと位置づけられるだろう。第4章1節で触れたように，軍用地料は政治相場で決定されるため，市場相場からかなりかけ離れた高額になる（来間，2012）。実際に，不労所得とも見られる高額な軍用地料を受け取る一部の人々に対しては，「地元」の人々も好ましく思っていないことを示唆する報告もある（植村，2015）。しかし，沖縄県在住のある研究者が，軍用地料が高止まりしている現状に関するコラムを，沖縄県内の新聞紙上に掲載したところ，以下のような反応があったという。

「さっそく地主から抗議が来た。同僚からも"あんまりそんなことを書くもんじゃないよ"と言われた」

「（基地地主は）"戦争の犠牲者"というイメージがあるからだろうか。それとも"ウチナンチュ（島人）同士で争うべきではない"という意識があるからだろうか？」

（いずれも米軍基地の問題に携わる研究者，沖縄県在住，男性）

　上記の回答内容は，迷惑施設をめぐるコミュニティ内のフリーライダーを統制・排除すべきではないという規範や価値が，住民の間に成立していることをうかがわせる。一部の人々が米軍基地によって利益を得る行為に対し，「地元」の人々がそれを統制する正当性を抑制し続けることで，"ウチナンチュ同士"の人間関係や相互信頼は維持されるであろう。しかし，米軍基地を通じて大きな経済的利益を得ているアクターに何の統制も加えられないままでは，基地の県外移転を阻むアクターを沖縄県の中に作り出す構造へとつながりかねない。県外移転がなかなか進まない一因には，コミュニティ内のフリーライダーに対する統制がなされないこともあるのではないか（他の県が米軍基地を引き受けたがらないことが大きな要因であるとしても）。

　コミュニティの中で住民がフリーライダーに統制を加えることが困難ならば，コミュニティの外の人々がそれをやることも，ときに必要かもしれない。外部のアクター（たとえば広域の多数者やその代表者）が，コミュニティの中のフリーライダーを見つけ，利益の偏在を指摘し，是正するのである。そのためにはまず何より，住民の側が，外部のアクターがコミュニティ内の社会的決定にかかわることを承認しなければならない。すなわち，外部のアクターの正当性を，コミュニティの住民が認める必要がある，ということである。

　多様なアクターが共同でコモンズの管理を行ううえでは，「地元」の住民が中心となりつつ外部の人々との合意を経て管理方針を決める「開かれた民主主義」が重要とされる（井上，2004）。この実現には，外部の人々がコモンズの管理に関心を持つと同時に，「地元」の住民の側には外部にドアを開けることが求められる。いずれも難しいことだが，コモンズの管理をめぐってローカルとグローバルいずれの価値にもかかわる決定が一部の人々のみでなされる事態

を打破するためには，どうしてもクリアしなければならないハードルである。

6-3　正当性理論の限界性と有効性

　本書では，海や牧草地をはじめとした自然財の管理と，軍事基地や地層処分場といった迷惑施設の決定経緯を取り上げ，コモンズの管理をめぐる多様なアクターの合意形成で重要となる正当性の概念——何らかの理由・価値にもとづくコモンズの管理権への承認可能性——を検討してきた。沖縄県，内モンゴル自治区のフィールドを紹介し，インタビューやアンケート調査，あるいは"誰がなぜゲーム"を使った実験など，多彩な手法で突きとめたコモンズをめぐる正当性なるものの正体を概説してきたが，その要点は以下の通りである。

　コモンズに対する価値評価はアクターごとに異なり，その価値評価に応じて，制度的基盤（規範や制度にもとづく準拠枠）と認知的基盤（信頼や好ましさにもとづく準拠枠）のいずれを重視して各アクターが自他の正当性を評価するかも異なる。制度的基盤を重視して自他の正当性が評価された場合には，認知的基盤にもとづく正当性の判断がなされにくくなる（あるアクターの正当性が法規などによって保証されていると考えれば，信頼性や好ましさは正当性の評価にあたって重要でなくなる）。その結果，アクター間で正当性の評価に不一致が発生すれば，誰がコモンズを管理すべきかをめぐる係争のリスクも高まる。迷惑施設をめぐっては，その是非に対する関心が低くなりがちな域外多数者は自分たちの決定権を放棄し，行政や立地地域少数者に決定を"丸投げ"する消極的当事者主義を発生させやすい。立地地域少数者と域外多数者の双方に迷惑施設が及ぼす影響について詳しい情報を得ることで，域外多数者の消極的当事者主義が低減する可能性はあるが，その一方，彼らが自分たちの利益を重視して迷惑施設を立地地域に押しつける戦略的な思考をとる可能性がある。しかし，そうした情報を得たうえで迷惑施設を是とする域外多数者よりも，情報そのものを知ろうともしない無関心な域外多数者に対してのほうが，立地地域少数者からの怒りや不満は高くなる。立地地域少数者にとって域外多数者の関心は，彼らが自分たちへどれだけ敬意を払っているかを推測する手がかりとなる可能性がある。自然財の管理や迷惑施設の是非など，コモンズをめぐる社会的決定

の経緯には多数者の参加が今後ますます重要となり，それとともに「地元」の住民の側にも，多数者が参加する正当性を認めることが求められる。

　アクター同士が相互の正当性を確認することは，コモンズをめぐるガバナンスを円滑に進めるうえで重要なステップである。ただしこの正当性理論には，もちろん限界もある。コモンズの管理をはじめとする社会的決定にかかわる多くのアクターが，お互いにすべての正当性の評価が一致するまで議論を続けていたら，そこに要する時間と労力は膨大なものになり，決まるものも決まらなくなってしまう。緊急を要するような社会的決定の際には，少数の決定者による強力な専断が必要になることもあるかもしれない。

　しかし，多くのアクターの利害へ長期にわたって影響が及ぶと予測できる決定に関しては，事前に過分なほどの時間や労力をかけてでも話し合い，彼らが相互に納得できる決定者と決定過程，決定結果を導き出すべきである。たとえば，何百年にわたって将来世代にも影響を及ぼす地層処分場などの原子力政策について，限られたアクターのみによって現時点で決定を下すことは拙速と言わざるを得ず，将来世代というアクターも含め，決定に参加できなかったアクターからの不満を高め，決定された政策そのものの中途挫折につながりかねない。

　重要なことは，すべてのアクターがともに考え，アクター間で相互の権利について話し合い，十分な時間と労力をかけて議論することである。みんなで議論すること，このためには「各アクター（一人ひとり）が当事者意識を持って考えること」が前提となる。そうした当事者意識を喚起するうえで，権利構造のフレームから公共財問題や公共政策を考える正当性理論は，有効な寄与をなし得るだろう。

引用文献

赤嶺淳（2006）．当事者はだれか？：ナマコから考える資源管理　宮内泰介（編著）　コモンズをささえるしくみ：レジティマシーの環境社会学（pp.173-196）　新曜社

青木俊明・鈴木嘉憲（2008）．胆沢ダム建設事業にみる合意の構図　土木学会論文集D，64，542-556．

新崎盛暉・我部政明・桜井国俊・佐藤学・星野英一・松本剛・宮里政玄（2011）．脱「沖縄依存」の安全保障へ：国際環境の激変と3.11を受けて　世界，822，188-200．

阿波根昌鴻（1973）．米軍と農民　沖縄県伊江島　岩波新書

馬場健司（2002）．NIMBY施設立地プロセスにおける公平性の視点：分配的公正と手続き的公正による住民参加の評価フレームに向けての基礎的考察　2002年度第37回日本都市計画学会学術研究論文集，295-300．

Barber, B.（1983）. *The logic and limit of trust*. New Brunswick, NJ: Rutgers University Press.

Baron, J., & Spranca, M.（1997）. Protected values. *Organizational Behavior and Human decision Processes, 70*, 1-16.

Caddick, B.（1981）. Equity theory, social identity, and intergroup relations. *Review of Personality and Social Psychology, 1*, 219-245.

Chaiken, S.（1980）. Heuristic versus systematic information processing and the use of source versus message cues in persuasion. *Journal of Personality and Social psychology, 39*, 752-766.

Commins, B., & Lockwood, J.（1979）. Social comparison and social identity: An experimental investigation of intergroup behavior. *British Journal of Social and Clinical Psychology, 18*, 285-289.

Crosby, F.（1982）. *Relative deprivation and working women*. New York: Oxford University Press.

Cvetkovich, G., & Nakayachi, K.（2007）. Trust in a high-concern risk controversy: A comparison of three concepts. *Journal of Risk Research, 10*, 223-237.

Dornbusch, S. M., & Scott, W. R.（1975）. *Evaluation and the exercise of authority*. San Francisco, CA: Jossey-Bass.

Earle, T. C., & Cvetkovich, G.（1995）. *Social trust: Toward a cosmopolitan society*. Westport, CT: Praeger Press.

Falk, A., Fehr, E., & Fischbacher, U.（2003）. On the nature of fair behavior. *Economic Inquiry, 41*, 20-26.

Feather, T. N.（2003）. Distinguishing between deservingness and entitlement: Earned outcomes versus lawful outcomes. *European Journal of Social Psychology, 33*, 367-385.

Feather, T. N.（2008）. Perceived legitimacy of a promotion decision in relation to deservingness, entitlement, and resentment in the context of affirmative action and performance. *Journal of Applied Social Psychology, 38*, 1230-1254.

Feather, T. N., Mckee, I., & Bekker, N. (2011). Deservingness and emotions: Testing a structural model that relates discrete emotions to the perceived deservingness of positive or negative outcomes. *Motivation and Emotion, 35*, 1-13.

Fishkin, S. J. (2009). *When the people speak: Deliberative democracy and public consultation*. New York: Oxford University Press.(曽根泰教(監修)　岩木貴子(訳)(2011).　人々の声が響き合うとき　早川書房)

藤井聡 (2003). 社会的ジレンマの処方箋：都市・交通・環境問題のための社会心理学　ナカニシヤ出版

藤田渡 (2009). 森を使い，森を守る：タイの森林保護政策と人々の暮らし　京都大学学術出版会

舩橋晴俊 (1998). 環境問題の未来と社会的変動：社会の自己破壊性と自己組織性　舩橋晴俊・飯島伸子 (編)　講座社会学 12：環境 (pp.191-224)　東京大学出版会

Gladwin, T. N. (1980). Patterns of environmental conflict over industrial facilities in the United States, 1970-78. *Natural Resource Journal, 20*, 243-274.

Häikiö, L. (2007). Expertise, representation and the common good: Grounds for legitimacy in the urban governance network. *Urban Studies, 44*, 2147-2162.

Hardin, G. (1978). Political requirements for preserving our common heritage. In H. P. Brokaw (Ed.), *Wildlife and America*: Contribution to an understanding of American wildlife and its conservation (pp.10-17) Washington, DC: Council on Environmental Quality (U.S.).

哈申格日勤・小柳正司 (2007). 中国内モンゴル自治区における民族語教育の現況　鹿児島大学教育学部教育実践研究紀要, *17*, 101-107.

広瀬幸雄・大友章司 (2014). 市民参加型ごみ処理基本計画が市民に受け入れられ，行政への信頼を醸成するために何が必要か　社会安全学研究, *4*, 43-50.

Hornsey, M., Spears, S., Cremers, I., & Hogg, M. (2003). Relations between high and low power groups: The importance of legitimacy. *Personality and Social Psychology Bulletin, 29*, 216-227.

細川弘明 (2005). 異文化が問う正統と正当：先住民族の自然観を手がかりに環境正義の地平を広げるための試論　環境社会学研究, *11*, 52-69.

星野欣生 (2002). 人間関係づくりトレーニング　金子書房

堀田結孝・山岸俊夫 (2008). 最後通告ゲームでの意図のない不公正分配の拒否　実験社会心理学研究, *47*, 169-177.

Hovland, C. I., Janis, I. L., & Kelley, H. H. (1953). *Communication and persuasion*. New Haven, CT: Yale University Press.

Hsu, S-Hsiang (2006). NIMBY opposition and solid waste incinerator siting in democratizing Taiwan. *The Social Science Journal, 43*, 453-459.

今井一 (2011). 「原発」国民投票　集英社

今井葉子・野波寛・高村典子 (2016). コモンズの重層的価値が環境配慮行動に及ぼす影響：農家と非農家によるため池の農業価値と環境価値に対する評価　保全生態学研

究,*21*,1-44.
石川文洋（2015）．フォトストーリー　沖縄の 70 年　岩波書店
井上真（1997）．コモンズとしての熱帯林：カリマンタンでの実証調査をもとにして　環境社会学研究,*3*,15-32.
井上真（2001）．自然資源の共同管理制度としてのコモンズ　井上真・宮内泰介（編）　コモンズの社会学：森・川・海の資源共同管理を考える（pp.1-28）　新曜社
井上真（2004）．コモンズの思想を求めて：カリマンタンの森で考える　岩波書店
石盛真徳（2004）．コミュニティ意識とまちづくりへの市民参加：コミュニティ意識尺度の開発を通じて．コミュニティ心理学研究,*7*,87-98.
石盛真徳（2006）．地域社会とコミュニティ意識の変化：社会・コミュニティ心理学の視点から　京都光華女子大学人間関係学部人間関係学科（編）　ひと・社会・未来：ライフサイクルの人間科学（pp.115-137）　ナカニシヤ出版
岩本誠吾（2010）．海外駐留の自衛隊に関する地位協定覚書：刑事裁判管轄権を中心に　産大法学,*43*（3・4）,115-140.
岩田薫（2005）．住民運動必勝マニュアル：迷惑住民．マンション建設から巨悪まで　光文社
神野直彦（2004）．ソーシャル・ガバナンス：新しい分権・市民社会の構図．神野直彦・澤井安勇（編著）　ソーシャルガバナンス：新しい分権・市民社会の構図（pp.1-55）　東洋経済新報社
Jiménez-Moya, G., Navarro-Mantas, L., Willis, B. G., Nonami, H. and Rodríguez-Bailón, R. (2015). Legitimidad y desempe˜no en el trabajo : cuando el derecho legitimay el merecimiento cualifica (with English extended summary). *Journal of Work Organizational Psychology, 31*, 59-68.
Johnson, C. (2004). Introduction : Legitimacy processes in organizations. In C. Johnson (Ed.), *Legitimacy processes in organizations*, (pp.1-24). Oxford, UK : Elsevier JAI.
Johnson, F. G. (2008). *Deliberative democracy for the future : The case of nuclear waste management in Canada*. Toronto, Canada: University of Toronto Press.（舩橋晴彦・西谷内博美（監訳）（2001）．核廃棄物と熟議民主主義：倫理的政策分析の可能性　新泉社）
Jost, J. T., & Banaji, M. R. (1994). The role of stereotyping in system-justification and the production of false consciousness. *British Journal of Social Psychology, 33*, 1-27.
Jost, J. T., Banaji, M. R., & Nosek, A. B. (2004). A decade of system justification theory : Accumulated evidence of conscious and unconscious bolstering of the status quo. *Political Psychology, 25*, 881-919.
Jost, J. T., Burgess, D., & Mosso, C. (2001). Conflicts of legitimation among self, group, and system. In J. T. Jost, & B. Major (Eds.), *The psychology of legitimacy : Emerging Perspectives on ideology, justice, and intergroup relations* (pp.363-388). New York : Cambridge University Press.
梶田孝道（1979）．紛争の社会学：「受益圏」と「受苦圏」　経済評論,*28*,101-120.
Kelman, C. H. (2001). Reflections of social and psychological processes of legitimation

and delegitimation. In J. T. Jost, & B. Major (Eds.), *The psychology of legitimacy: Emerging perspectives on ideology, justice, and intergroup relations* (pp.54-73). New York: Cambridge University Press.

小松正之 (2011). 海は誰のものか：東日本大震災と水産業の新生プラン　マガジンランド

小長谷有紀・シンジルト・中尾正義 (2005). 中国の環境政策　生態移民：緑の大地，内モンゴルの砂漠化を防げるか？　昭和堂

熊本一規 (1999). 海はだれのものか：白保・夜須・唐津の事例から　秋道智彌（編）自然はだれのものか：「コモンズの悲劇」を超えて (pp.138-161)　昭和堂

来間泰男 (2012). 沖縄の米軍基地と軍用地料　溶樹書林

Libecap, D. G.(1995). The conditions for successful collective actions. In O. R. Keohance, & E. Ostrom (Eds.), *Local commons and global interdependence* (pp.161-190). London: SAGE.

Lind, E. A., & Tyler, T. R. (1988). *The social psychology of social justice*. New York: Plenum

Luhmann, N. (1979). *Trust and power: Two works by Niklas Luhmann*. Chichester, UK: John Wiley & Sons.

McCullough, E. M., Worthington, L. E. Jr., & Rachal, C. K. (1997). Interpersonal forgiving in close relationships. *Journal of Personality and Social Psychology, 73*, 321-336.

McCullough, E. M., Rachal, C. K., Sandage, J. S., Worthington, L. E. Jr., Brown, W. S., & Hight, L. T. (1998). Interpersonal forgiving in close relationships: Ⅱ. Theoretical elaboration and measurement. *Journal of Personality and Social Psychology, 75*, 1586-1603.

松田素二 (2005). 土地の正しい所有者は誰か，知の政治学を超えて：東アフリカ・マサイ人の土地返還要求の事例から　環境社会学研究, *11*, 70-87.

松下和夫・大野智彦 (2007). なぜ今環境ガバナンスか　松下和夫（編著）環境ガバナンス論 (pp.3-32)　京都大学学術出版会

宮内泰介 (2006). レジティマシーの社会学へ：コモンズにおける承認のしくみ　宮内泰介（編）コモンズをささえるしくみ (pp.1-32)　新曜社

Moon, G. (1988). Is there one around here? In C. J. Smith, & J. A. Griggs (Eds.), *Location and stigma* (pp.203-223). London: Unwin Hyman.

長崎福三 (1998). システムとしての〈森—川—海〉：魚付林の視点から　農山漁村文化協会

長良川河口ぜきに反対する市民の会 (1991). 長良川河口堰：自然破壊か節水か　技術と人間

那木拉 (2009). 牧畜民から生態移民へ：内モンゴル・シリーンゴル盟を事例として　千葉大学人文社会科学研究, *18*, 111-128.

中田実 (1993). 地域共同管理の社会学　東信堂

中谷内一也 (2008). 安全。でも，安心できない…：信頼をめぐる心理学　筑摩書房

中谷内一也・野波寛・加藤潤三 (2009). 沖縄赤土流出問題における一般住民と被害者住

民の信頼比較：リスク管理組織への信頼規定因と政策受容　実験社会心理学研究, 49, 205-216.
野池元基（1990）．サンゴの海に生きる―石垣島・白保の暮らしと自然　農山漁村文化協会
野波寛（2011）．コモンズの管理と公共政策に関わる多様なアクターの権利：正当性の相互承認構造に関する実証と教育を目的とした'誰がなぜゲーム'の開発　シミュレーション＆ゲーミング, 21, 115-124.
野波寛・加藤潤三（2010）．コモンズ管理者の承認をめぐる2種の正当性：沖縄本島における赤土流出問題をめぐる社会的ガバナンスの事例調査　コミュニティ心理学研究, 13, 152-165.
野波寛・加藤潤三（2012）．法規性は正当性に対する信頼性の影響を阻害する？：沖縄県におけるコモンズの管理権をめぐる多様なアクターの制度的基盤と認知的基盤，社会心理学研究, 28, 1-12.
野波寛・加藤潤三・中谷内一也(2008)．コモンズの管理をめぐる異種業者間の'正当性'：沖縄本島の赤土流出問題をフィールドとして　日本心理学会第72回大会発表論文集, 1441.
野波寛・加藤潤三・中谷内一也（2009）．コモンズの管理者は誰か？沖縄本島の赤土流出問題をめぐる多様なアクターの正当性　社会心理学研究, 25, 81-91.
野波寛・大友章司・坂本剛・田代豊（2015）．NIMBY問題における政策決定者の正当性は公益と私益の情報次第？：立地地域少数者と域外多数者による行政機関の評価　人間環境学研究, 13, 153-162.
野波寛・坂本剛・大友章司・田代豊（2014）．迷惑施設の決定権をめぐる当事者と非当事者の正当性評価："NIMBY〈地層処分場〉版・誰がなぜゲームⅡ"における戦略的思考の発生と変容　日本グループ・ダイナミックス学会第61回大会発表論文, 70-71.
野波寛・坂本剛・田代豊・大友章司（2013）．迷惑施設の決定権承認に情報環境が及ぼす影響："NIMBY〈地層処分場〉版・誰がなぜゲームⅡ"における多様なアクターの正当性　日本グループ・ダイナミックス学会第60回大会発表論文集, 52-53.
野波寛・蘇米雅・哈斯額尓敦・坂本剛（2013）．コモンズとしての牧草地の管理権をめぐる正当性の相互承認構造：内モンゴル自治区における牧民・行政職員・都市住民の制度的基盤と認知的基盤　実験社会心理学研究, 53, 116-130.
野波寛・田代豊・坂本剛・大友章司（2016）．NIMBY問題における公平と共感による情動反応：域外多数者の無関心は立地地域少数者の怒りを増幅する？　実験社会心理学研究, 56, 23-32.
野波寛・土屋博樹・桜井国俊（2014）．NIMBYとしての在日米軍基地をめぐる多様なアクターの正当性：公共政策の決定権に対する当事者・非当事者による承認過程　実験社会心理学研究, 54, 40-54.
Nonami, H., & Willis, B. G. (2009). The source of legitimacy in commons management: Cross-cultural comparison between Japan and Spain. Poster session presented at *The 11th European Congress of Psychology*; 2009 July 7-10; Oslo, Norway.
大久保潤・篠原章（2015）．沖縄の不都合な真実　新潮社

引用文献

大見謝辰男（1997）．赤土汚染．池原貞男・加藤祐三（編著） 沖縄の自然を知る（pp.167-183） 築地書館

大沼進・中谷内一也（2003）．環境政策における合意形成過程での市民参加の位置づけ：千歳川放水路計画の事例調査 社会心理学研究，19，18-29．

大澤英昭・広瀬幸雄・大沼進・大友章司（2014）．フランスにおける高レベル放射性廃棄物管理方策と地層処分施設のサイト選定の決定プロセスの公正さ 社会安全学研究，4，51-76．

太田勝造（2015）．法を創る力としての国民的基盤：震災報道と原子力賠償を例として．大村敦志（編著） 法の変動の担い手 岩波講座 現代法の動態5 岩波書店

大友章司（2012）．グローバルコモンズにおける地元主義の正当性 日本社会心理学会第53回大会WS「海・草原から原発まで，公共財の管理権は誰にある？：権利の承認可能性としての正当性」（野波寛）における話題提供

大友章司・大澤英昭・広瀬幸雄・大沼進（2014）．福島原子力発電所事故による高レベル放射性廃棄物の地層処分の社会的受容の変化 日本リスク研究学会誌，24，49-59．

沖縄県企画部（2007）．100の指標からみた沖縄のすがた 沖縄県統計協会

小野有五（1997）．川とつきあう 岩波書店

Ostrom, E.（1990）. *Governing the commons : The evolution of institutions for collective action*. New York : Cambridge University Press

Petty, R. E., & Cacioppo, J. T.（1986）. The elaboration likelihood model of persuasion. In L. Berkowitz(Ed.), *Advances in experimental social psychology, 19*, 123-205. New York : Academic Press.

Rodríguez-Bailón, R., Moya, M., & Yzerbyt, V.（2000）. Why do superiors attend to negative stereotypic information about their subordinates? Effects of power legitimacy on social perception. *European journal of social psychology, 30*, 651-671.

坂本剛・野波寛・蘇米雅・哈斯額尓敦・大友章司・田代豊（2013）．コモンズ管理の正当性における当事者・非当事者の相互承認構造：内モンゴルの草原管理を事例として 日本社会心理学会第54回大会発表論文集，133．

佐々木信夫（2004）．地方は変われるか：ポスト市町村合併 筑摩書房

佐藤仁（2002）．希少資源のポリティクス：タイ農村にみる開発と環境のはざま 東京大学出版会

佐藤浩輔・大沼進（2013）．公的意思決定場面において当事者性と利害関係が信頼の規定因に与える影響 社会心理学研究，29，94-103．

Siegrist, M., Gutscher, H., & Earle, T. C.（2005）. Perception of risk : The influence of general trust, and general confidence. *Journal of Risk Research, 8*, 145-156.

清水修二（1999）．NIMBYシンドローム考 東京新聞出版局

Smith, H. J., & Tyler, T. R.(1996). Justice and power : When will justice concerns encourage the advantaged to support policies which redistribute economic resources and the disadvantaged to willingly obey the law? *European Journal of Social Psychology, 26*, 171-200.

Stewart, M., Carmichael, L., & Sweeting, D.(2004). Participation, leadership, and urban sustainability. Plus final research report.（www.plus-euro.org/researchfindings.htm）.

Suchman, C. M. (1995). Managing legitimacy: Strategic and institutional approaches. *Academy of Management Review, 20*, 571-610.

菅 豊 (2005). コモンズと正当性:「公益」の発見 環境社会学研究, *11*, 22-38.

菅 豊 (2006).「歴史」をつくる人びと:異質性社会における正当性の構築 宮内泰介(編著) コモンズをささえるしくみ:レジティマシーの環境社会学 (pp.55-81) 新曜社

鈴木晃志郎 (2011). NIMBY研究の動向と課題 日本観光研究学会第26回全国大会論文集, 17-20.

蘇米雅 (2010). 新しい共同性に基づく環境正義集団力学, *27*, 102-130.

蘇米雅 (2012). 中国・内モンゴルにおける環境保護政策と住民自治システム形成に関する実践研究. 京都大学学位提出論文 (未公刊)

高橋哲哉 (2012). 犠牲のシステム 福島・沖縄 集英社

Takahashi, L. M. (1997). The socio-spatial stigmatization of homelessness and HIV/AIDS: Toward an explanation of the NIMBY syndrome. *Social Science and Medicine, 45*, 903-914.

高村学人 (2012). コモンズからの都市再生:地域共同管理と法の新たな役割 ミネルヴァ書房

鳥越皓之 (1995). そこに住む者の権利 三戸公・佐藤慶幸(編) 環境破壊 (pp.178-198) 文眞堂

Tyler, T. R., & Lind, E. A. (1992). A relational model of authority in groups. In M. Zanna (Ed.), *Advances in experimental social psychology, 25*, 115-191. New York: Academic Press.

植村秀樹 (2015). 暮らして見た普天間:沖縄米軍基地問題を考える 吉田書店

Van den Bos, K., Wilke, H. A. M., & Lind, A. (1998). When do we need procedural justice? The role of trust in authority. *Journal of Personality and Social Psychology, 75*, 1449-1458.

Walker, H. A., Thomas, G. A., & Zelditch, M. Jr. (1986). Legitimation, endorsement, and stability. *Social Forces, 64*, 620-643.

Walker H. A., Rogers, L., & Zelditch, M., Jr. (1988). Legitimacy and collective action: A research note. *Social Forces, 67*, 216-228.

Walster, E., Walster, G. W., & Berscheid, E. (1978). *Equity: Theory and research*. Boston, MA: Allyn & Bacon.

Weber, M. (1924/1978). *Economy and society: An outline of interpetive sociology*. Edited by G. Roth, & C. Wittich. Vol. 1. Berkeley, CA: University of California Press.

Wolsink, M. (2000). Wind power and the NIMBY-myth: institutional capacity and the limited significance of public support. *Renewable Energy, 21*, 49-64.

家中茂 (1998). 沖縄における土地改良事業にともなう赤土流出:石垣島宮良川土地改良事業を事例に 環境社会学研究, *4*, 235-242.

家中茂 (2001). 石垣島白保のイノー:新石垣島空港建設計画をめぐって 井上真・宮内泰介(編) コモンズの社会学:森・川・海の資源共同管理を考える (pp.120-141) 新曜社

矢野晋吾（2006）．漁業権の正統性とその変化：コモンズの管理としての漁撈　宮内泰介（編著）　コモンズをささえるしくみ：レジティマシーの環境社会学（pp.33-54）　新曜社

山岸俊男（1998）．信頼の構造　東京大学出版会

山腰修三（2011）．沖縄社会における反基地感情のメディア表象：沖縄地方紙の言説分析（1995年9月-11月）を中心に　慶應義塾大学メディア・コミュニケーション研究所紀要，*61*，149-160．

楊海英（2009）．墓標なき草原（上）：内モンゴルにおける文化大革命・虐殺の記録　岩波書店

Zelditch, C. H. (2001). Theories of legitimacy. In T. Jost, & B. Major (Eds.), *The psychology of legitimacy: Emerging perspectives on ideology, justice, and intergroup relations* (pp.33-53). New York: Cambridge University Press.

索　引

欧文事項索引

common pool resources　3
delegitimization　10
deliberate　74
deliberative democracy　94
deliberative poll　1
deservingness　12
empathy　138
entitlement　12
equity　10
forgiveness　138
herdsmen　50
institutional substance　11
justice　10
legality　42
legitimacy　9
legitimization　10

minimal recognition of rights to organize　3
nested enterprises　3
NIMBY　80
organizational legitimacy　10
perceived substance　11
propriety　11
protected value　143
self-governance　3
trustworthiness　42
validity　11
Who & Why Game　107
WWG　107, 110-117, 120, 129-130
WWG Ⅱ　110, 115-117, 121, 129-130
WWG Ⅱ／NIMBY　124-125, 128-129, 131

邦文事項索引

A to Z
NIMBY　80
NIMBY構造　80, 81, 84, 94, 103, 121, 124, 128, 133-134, 136
NIMBYシンドローム　80
NIMBY問題　79-81, 84, 91, 121, 124, 141-142

あ
赤土流出問題　21, 23, 25-27, 30-31, 36, 38, 43, 87, 105, 146
アクター　14-16, 25-27, 47, 79, 86, 94, 99, 102, 108, 135, 141, 147, 149, 155
　——間の係争　80, 107
　——のガバナンス　35
　——の信頼性　42, 88, 92-93
　——の正当性　25-26, 28, 41-42, 44, 75, 87-89, 92, 96, 105, 107, 112, 115, 118-119, 126, 130, 155-156
　——の統制　155
域外多数者⇒立地地域少数者　80-81, 83-84, 86, 88-89, 91-102, 106, 124-125, 128-129, 133, 135-144, 156
一元的統治　3, 14
意図性　136-138
イノー　20-21, 23-25, 28, 30-31, 37-40, 147
入れ子になった管理組織　3
恩納村赤土流失防止対策協議会　31-35, 37, 39, 42-43, 45

か
加害型ジレンマ　24
ガバナンス　3-4, 14, 75

ガラス固化体　122
干渉効果
　制度的基盤から認知的基盤への——　42, 45
　法規性の——　45, 99
寛容性　138
管理権　8-9, 38-39, 41-42, 4647, 49, 56-57, 69, 71-72, 75, 101, 106-107, 113-114, 133-134
犠牲のシステム　142
基地地主　82
共感-寛容モデル　138
共感性　139, 141
共同管理　51, 53-55, 72-74
共同占有権　13
共同的統治　3, 7, 14
共有資源　3, 151-152
軍用地主　154
軍用地料　82-84, 154
敬意　141, 156
合意形成　46, 79, 99, 101, 103, 105, 107, 116, 121, 124, 142
　——過程　129, 135
合議　3, 7, 14, 16, 53, 74-75
公共財　81, 151
公共政策　76, 84, 87-88, 105, 110, 116, 121, 129-130, 134
公正　10
公平　10
合法性　11
高レベル放射性廃棄物　17, 94, 121-124, 129
コモンズ　8, 13, 19, 21, 29, 31, 51, 107, 114, 133, 151
　——・ジレンマ　24, 46
　——に対する価値評価　72
　——の管理権　29, 42, 47, 55, 75, 106-107, 113, 121
　——の管理制度　15, 129
　——の適正管理　9, 14, 29, 54-55, 72, 133, 145-146
　グローカル・——　153
　グローバル・——　51-52
　ローカル・——　51, 53, 147, 152-153

さ
最後通告ゲーム　136
在日米軍基地　17, 80-83, 86, 88-89, 91, 94, 96, 100, 102, 105, 137, 148
砂漠化　54, 56-61, 74
　——防止　54, 56, 71-73
自己回帰型ジレンマ　24
自主的統治　3
システム正当化理論　10
自然財　8, 29
シミュレーション・ゲーミング　17, 105, 107, 131
社会関係資本　151-153
社会的ガバナンス　15-16, 25, 76
社会的決定　1, 3-4, 8-9, 13-14, 16-17, 47, 74, 79, 105, 155-157
社会的ジレンマ　80-81, 105
集権的管理　54, 56
集合の支持　11, 41
重層的価値　72, 75
周辺の情報処理　42, 99
周辺の手がかり　42, 88-89, 99-100
受益圏⇒受苦圏　80-81, 93-95, 124-125, 135, 143
熟議　74, 95, 102, 121, 143-144
熟議民主主義　76, 121
受苦圏⇒受益圏　80-81, 93-95, 124-125, 135, 143
熟慮意図　141
主要価値類似性　88
　——モデル　87, 102
消極的当事者主義　73-74, 76, 91, 93-95, 98, 100-102, 128, 156
情動反応　136-140
承認可能性　84
所有権　13, 29, 53
信頼性　42-44, 46-47, 75, 87-89, 91-93, 99-102, 110, 130, 136
信頼モデル　87
誠実性　87-89, 92-93
生態移民政策　54-56, 60-64, 70-71, 75
正当化　10
正当性　1, 7, 9-12, 14-15, 45, 156-157
　——の概念　9, 17, 105, 156
　——の規定因　11-12, 16, 24-25, 27, 29,

41, 45, 87, 93, 99-100
　――（評価の）合意形成　24-25, 29, 121, 124-125, 129, 156
　――の相互評価　17, 19, 24-25, 70-73, 76, 84, 89, 118, 120-121, 124-125, 127, 129, 133
　――構造　16, 19, 55-56, 67-68, 76, 105-107, 113, 120-121, 124, 129-130, 132
　――の不一致　14-16, 29, 39, 41, 64, 69, 76, 156
　――の定義　84
　――の抑制　144, 146, 151-155
　――評価の2重過程モデル　12-13
　――への気づき　106, 130
　認知的――　10
正統性　9-10
制度的基盤⇒認知的基盤；正当性の規定因　11, 13-14, 29, 32, 40-42, 46-47, 56, 66-67, 69-71, 73, 75, 86, 89, 93, 105, 113, 156
世代間不平等　124
専門性　25-28, 39, 66-67, 69-70, 73, 106
戦略的思考　94-95, 100-101, 136
相応性⇒正当性の規定因　12-13, 41, 69
相対的剥奪理論　12
組織を作る権利の承認　3

た
代表制　39
誰がなぜゲーム　105, 107, 156
地域性　26-28
地層処分場　94, 121-125, 127-129, 131-133, 135, 142-143, 156-157
中間貯蔵施設　122
手続き的公正　135, 141
当事者至上主義　153

当事者性　26-28, 67, 69, 113-114, 120, 129-130
尊い犠牲　142
討論型世論調査　1
土地細分化政策　53-54, 70, 75

な・は・ま・や
内集団類似性効果　89
認知的基盤⇒制度的基盤；正当性の規定因　11-14, 29, 32, 39-42, 46-47, 56, 66-67, 69-70, 72-73, 75, 86, 93, 105, 113, 156
非正当性　10
開かれた地元主義　75, 155
フリーライダー　145, 150-155
　――の統制　146, 151-153, 155
フレームゲーム　132
法規性　42-43, 46, 87, 89, 91-93, 99, 101, 113, 120, 130
牧草地　41, 49-57, 59-61, 64, 66, 69-71, 73-77, 101, 105-107, 114, 133, 145, 150, 152
牧民　49-52, 54-56, 59, 61-64, 66-67, 69-75, 77, 101, 106, 114, 146, 150
保護価値　143-144
迷惑施設　79-80, 83-84, 94-102, 105-107, 128-129, 134-145, 148, 153, 155-156
有資格性⇒正当性の規定因　12-13, 41, 69
有能性　87-89, 92-93
遊牧　70

立地地域少数者⇒域外多数者　80-84, 86, 88-89, 91-102, 106, 124-125, 128, 135-144, 156
利用権　29, 52-53

事項索引　169

170 索　引

人名索引

A-Z

Banaji, M. R.　10
Barber, B.　87
Baron, J.　143
Bekker, N.　13, 69
Berscheid, E.　136
Brown, W. S.　138
Burgess, D.　10
Cacioppo, J. T.　42, 88
Caddick, B.　10, 11
Carmichael, L.　9
Chaiken, S.　87
Commins, B.　10
Cremers, I.　10, 40
Crosby, F.　12
Cvetkovich, G.　87, 102
Dornbusch, S. M.　11
Earle, T. C.　87
Falk, A.　136-137
Feather, T. N.　12-13, 41, 69
Fehr, E.　136
Fischbacher, U.　136
Fishkin, S. J.　1
Gladwin, T. N.　80, 142
Gutscher, H.　87
Häikiö, L.　39-40, 105-106, 129
Hardin, G.　54-55, 76
Hight, L. T.　138
Hogg, M.　10, 40
Hornsey, M.　10, 40
Hovland, C. I.　87
Hsu, S-Hsiang　80, 142
Janis, I. L.　87
Jiménez-Moya, G.　72, 130
Johnson, C.　10
Johnson, F. G.　75-76, 94, 121, 128, 135, 143
Jost, J. T.　10-11
Kelley, H. H.　87
Kelman, C. H.　10
Libecap, D. G.　19

Lind, A.　87
Lind, E. A.　141
Lockwood, J.　10
Luhmann, N.　87
McCullough, E. M.　138
Mckee, I.　13, 69
Moon, G.　79
Mosso, C　10
Moya, M.　29
Nakayachi. K.　87, 102
Navarro-Mantas, L.　72, 130
Nonami, H.　40, 42, 72, 130
Nosek, A. B.　10
Ostrom, E.　3, 4, 53-55, 76, 150
Petty, R. E.　42, 88
Rachal, C. K.　138
Rodriguez-Bailón, R.　29, 72, 130
Rogers, L.　41
Sandage, J. S.　138
Scott, W. R.　11
Siegrist, M.　87
Smith, H. J.　141
Spears, S.　10, 40
Spranca, M.　143
Stewart, M.　9
Suchman, C. M.　10-11
Sweeting, D.　9
Takahashi, L. M.　79
Thomas, G. A.　10, 41
Tyler, T. R.　141
Van den Bos, K.　87
Walker, H. A.　10, 41
Walster, E.　136
Walster, G. W.　136
Weber, M.　9
Wilke, H. A. M.　87
Willis, B. G.　40, 42, 72, 130
Wolsink, M.　80, 142
Worthington, L. E. Jr.　138
Yzerbyt, V.　29
Zelditch, C. H.　9-11

人名索引

Zelditch, M. Jr. 10, 41

あ
青木俊明　98, 138, 143
赤嶺淳　26, 133
阿波根昌鴻　82
新崎盛暉　86
石川文洋　82
石盛真徳　17
井上真　8, 51, 53, 74, 75, 155
今井一　74
今井葉子　72
岩田薫　80
岩本誠吾　82
植村秀樹　154
大久保潤　82, 102
大澤英昭　135, 142
太田勝造　47
大友章司　56, 96, 124, 127, 135, 138, 142, 146, 148, 152
大沼進　25-26, 60, 102, 135, 142
大野智彦　4
大見謝辰男　21
小野有五　3

か
梶田孝道　80
加藤潤三　9, 11, 25, 32, 34, 38, 40, 42-46, 87
我部政明　86
神野直彦　4
熊本一規　7, 28, 39, 107, 133
来間泰男　82, 154
小長谷有紀　54
小松正之　7

さ
小柳正司　50
坂本剛　56, 96, 124, 127, 138, 146
桜井国俊　9, 84, 86
佐々木信夫　4
佐藤浩輔　102
佐藤仁　72, 152
佐藤学　86
篠原章　82, 102

清水修二　80
シンジルト　54
菅豊　133
鈴木晃志郎　80
鈴木嘉憲　98, 138, 143
蘇米雅　54-56, 74

た
高橋哲哉　142
高村学人　14
高村典子　72
田代豊　56, 96, 124, 127, 138, 146
土屋博樹　9, 84
鳥越皓之　14

な
中尾正義　54
長崎福三　3
中田実　8
中谷内和也　9, 25-26, 40, 60, 87, 88, 92, 99
那木拉　55
野池元基　20
野波寛　9, 11, 25, 32, 34, 38, 40, 42-46, 56, 68, 72, 84, 86-87, 90, 96, 100, 107, 112, 124, 127, 138, 140, 146

は
哈斯額尓敦　56
哈申格日勤　50
馬場健司　124
広瀬幸雄　135, 142
藤井聡　80
藤田渡　134
舩橋晴俊　24
星野英一　86
星野欣生　107
細川弘明　7
堀田結孝　136

ま
松下和夫　4
松田素二　7
松本剛　86
宮内泰介　9, 72, 152

宮里政玄　86

や

家中茂　24, 28

矢野晋吾　26, 133
山岸俊男　40, 87, 136
山腰修三　137
楊海英　66

著者紹介

野波 寛(のなみ ひろし)
名古屋大学大学院文学研究科博士課程後期中退（1994 年）
現在，関西学院大学社会学部教授
主著に，
環境問題における少数者の影響課程（晃洋書房，2001 年　単著）
集団間関係の社会心理学（晃洋書房，2010 年　共訳）
暮らしの中の社会心理学（ナカニシヤ出版，2012 年　共著）他

正当性（レジティマシー）の社会心理学：
海と草原と基地が問う「社会的決定の権利」
[関西学院大学研究叢書　第188編]

2017 年 3 月 30 日　初版第 1 刷発行　　定価はカヴァーに表示してあります

　　　　著　者　野波　寛
　　　　発行者　中西健夫
　　　　発行所　株式会社ナカニシヤ出版
　　　　〒606-8161　京都市左京区一乗寺木ノ本町 15 番地
　　　　　　　　　　　Telephone　075-723-0111
　　　　　　　　　　　Facsimile　075-723-0095
　　　　　　　Website　http://www.nakanishiya.co.jp/
　　　　　　　Email　iihon-ippai@nakanishiya.co.jp
　　　　　　　　　　　郵便振替　01030-0-13128

装幀＝白沢　正／印刷・製本＝亜細亜印刷株式会社
Copyright © 2017 by H. Nonami
Printed in Japan
ISBN978-4-7795-1132-5　C3011

本書のコピー，スキャン，デジタル化等の無断複製は著作権法上での例外を除き禁じられています。本書を代行業者等の第三者に依頼してスキャンやデジタル化することはたとえ個人や家庭内の利用であっても著作権法上認められておりません。